Olivier Gabriel

Blog Ogpresse : Derrière Le Miroir

Olivier Gabriel

Blog Ogpresse : Derrière Le Miroir

Contre-propagande/Inconnu/Révélations

Bloggingbooks

Impressum / Mentions légales
Bibliografische Information der Deutschen Nationalbibliothek: Die Deutsche Nationalbibliothek verzeichnet diese Publikation in der Deutschen Nationalbibliografie; detaillierte bibliografische Daten sind im Internet über http://dnb.d-nb.de abrufbar.
Alle in diesem Buch genannten Marken und Produktnamen unterliegen warenzeichen-, marken- oder patentrechtlichem Schutz bzw. sind Warenzeichen oder eingetragene Warenzeichen der jeweiligen Inhaber. Die Wiedergabe von Marken, Produktnamen, Gebrauchsnamen, Handelsnamen, Warenbezeichnungen u.s.w. in diesem Werk berechtigt auch ohne besondere Kennzeichnung nicht zu der Annahme, dass solche Namen im Sinne der Warenzeichen- und Markenschutzgesetzgebung als frei zu betrachten wären und daher von jedermann benutzt werden dürften.

Information bibliographique publiée par la Deutsche Nationalbibliothek: La Deutsche Nationalbibliothek inscrit cette publication à la Deutsche Nationalbibliografie; des données bibliographiques détaillées sont disponibles sur internet à l'adresse http://dnb.d-nb.de.
Toutes marques et noms de produits mentionnés dans ce livre demeurent sous la protection des marques, des marques déposées et des brevets, et sont des marques ou des marques déposées de leurs détenteurs respectifs. L'utilisation des marques, noms de produits, noms communs, noms commerciaux, descriptions de produits, etc, même sans qu'ils soient mentionnés de façon particulière dans ce livre ne signifie en aucune façon que ces noms peuvent être utilisés sans restriction à l'égard de la législation pour la protection des marques et des marques déposées et pourraient donc être utilisés par quiconque.

Coverbild / Photo de couverture: www.ingimage.com

Verlag / Editeur:
Bloggingbooks
ist ein Imprint der / est une marque déposée de
OmniScriptum GmbH & Co. KG
Heinrich-Böcking-Str. 6-8, 66121 Saarbrücken, Deutschland / Germany
Email: info@bloggingbooks.de

Herstellung: siehe letzte Seite /
Impression: voir la dernière page
ISBN: 978-3-8417-7228-2

Copyright / Droit d'auteur © 2013 OmniScriptum GmbH & Co. KG
Alle Rechte vorbehalten. / Tous droits réservés. Saarbrücken 2013

BLOG : *OG PRESSE.OVER-BLOG.COM*
(Olivier BRIGALE)

CHIENS,CHATS, RATS AUTORISES

(Plage de Villerville - photo A.Gabriel)
IRREFLEXION - INQUIETUDE SPIRITUELLE - CONTRE-PROPAGANDE
- SABOTAGE CULTUREL ET SOCIAL - DETENTE
(petit doigt sur la -)

SOMMAIRE

I/Articles « Politique-société-idées » page 4

II/Articles « Enigmes de la science » page 39

III/Articles « Cabinet de curiosités-inconnu-mystères » page 47

IV/Articles « O.V.N.I.S. » page 86

V/Articles « Publications-éléments biographiques » page 108

I/ARTICLES
POLITIQUE-SOCIETE-IDEES

Mardi 26 novembre 2006

DECLARATION DES DROITS DE L'ARBRE

Article 1 : Les arbres poussent et croissent librement à la surface de la terre. Ils se développent sans limitation de hauteur, de largeur, de profondeur et peuvent s'associer en bosquets, bois ou forêts.

Article 2 : Les arbres et forêts obéissent à un seul souverain : la nature. Ils respirent et vivent en paix au milieu des hommes, qui leur doivent respect et amitié car ils sont beaux et très utiles.

Article 3 : L'eau, l'air et la lumière sont le patrimoine commun des arbres et des hommes. Dans son activité, l'homme doit veiller aux besoins des arbres ; ces besoins sont la lumière, l'eau, l'air pur et la tranquillité.

Article 4 : La liberté de l'homme s'arrête là où commence celle des arbres ; cette limite ne peut être déterminée que par la conscience de chacun.

Article 5 : Tous les humains ont le devoir de protéger les arbres. Ils concourent personnellement ou dans des groupes à leur entretien, à leur sauvegarde et à leur défense.

Article 6 : Nul arbre ne peut être abîmé, pollué ou abattu sans motif ou pour des raisons de profit, sauf utilité ou nécessité pour l'homme.

Article 7 : Un pays sans arbre, une société sans verdure n'ont point de civilisation.

Mercredi 25 avril 2007

LES LOIS SUR LES JUIFS TOUJOURS EN VIGUEUR !

LES LOIS DE VICHY SUR LE STATUT DES JUIFS ENCORE EN VIGUEUR!

Sur la Côte d'Azur, des règlements de copropriétés d'immeubles - estimés à un millier par NICE-MATIN - comportent toujours l'article suivant :
« Les comparants font les déclarations suivantes :
1)Ils sont de nationalité française, ne sont pas juifs, ni conjoints de juifs au sens des lois et ordonnances en vigueur »
(c'est à dire celles de Vichy sur le statut des juifs.)

Je déclare donc moi aussi "être juif et conjoint de juif au sens des lois de VICHY en vigueur en France libre, libérée et libérale de 2007". Nous sommes tous des juifs des années 1940 !

(source : WWW.batiweb.com/news du 24 avril 2007)

Samedi 13 septembre 2008

UNE IMAGE SAISISSANTE DE LA CONDITION HUMAINE MODERNE

Dans son film *"Koyaanisqatsi"* produit par Francis Ford Coppola et construit autour des prophéties Hopis (1983), Godfrey Reggio montre une ville vue du ciel qui, si l'on diminue l'échelle, se transforme peu à peu en circuit de microprocesseur.
Vus d'ici, en bas, les hommes paraissent libres de faire ce qu'ils veulent, mais si l'on s'élève, en altitude, on voit qu'ils ont à peu près autant de liberté que des électrons dans un circuit imprimé, ou des souris dans un labyrinthe de laboratoire !

Dans la suite du film, une séquence en accéléré alterne la frénésie urbaine (l'activité productive incessante) avec des séquences au ralenti de personnes qui respirent l'ennui et la dépression : elles ne sont plus au travail ou n'en ont pas...
Pour plus de précisions sur ce film et les prophéties Hopis qui nous concernent aujourd'hui :

http://fr.wikipedia.org:wiki/koyaanisqatsi

Vendredi 1er août 2008

CHEMTRAILS / EPANDAGES AERIENS CHIMIQUES : FRANCE INFO CONFIRME !

(voir précédent article sur les chemtrails – 15/07/2008)

Le 30 juillet 2008 peu avant 7 heures, la radio d'Etat *France Info* a rappelé que l'intervention sur le temps et les nuages par épandage aérien existe depuis des décennies et n'est pas exceptionnelle.

Il est possible de hâter la venue de la pluie ou de faire pleuvoir sur certaines zones. Les Russes se sont dotés d'une escadrille aérienne spécialisée dans la dispersion des nuages par largage de ciment ou de particules de fluor, par exemple.

En 1986, après l'accident nucléaire de Tchernobyl, les avions russes ont volé partout dans le pays pour éviter la propagation de la contamination radioactive par la pluie.
A la demande de la Chine, la brigade russe spécialisée doit intervenir durant les prochains jeux olympiques afin de chasser les nuages et d'assurer une météo clémente au dessus des sites des principales épreuves.
Cela est incroyable mais parfaitement authentique.

Selon une prophétie des Indiens Hopis, lorsque *"des toiles d'araignées seront tissées d'un bout à l'autre du ciel"*, de grands bouleversements seront proches...

Jeudi 27 novembre 2008

TESTEZ VOS CONNAISSANCES POLITIQUES

A votre avis, en français politiquement correct, on doit dire :

- François HOLLANDE, ou... François GROLAND ?
- La maire de Lille, ou... la mère Denis ?
- Le monde des sans-abri, ou... le monde des sans Aubry ?
- Ni putes ni soumises, ou... mi-putes mi-soumises ?

Dimanche 28 octobre 2007

NOTRE SOCIETE DE CROISSANCE EN 3 COUPS DE CRAYON : UNE CREATURE MONSTRUEUSE

Serge Latouche, PROFESSEUR EMERITE D'ECONOMIE A L'UNIVERSITE PARIS-SUD XI ORSAY, dresse en quelques pages dans son "*PETIT TRAITE DE LA DECROISSANCE SEREINE*" (Éditions 1000 et 1 nuits - 3,50 euros seulement) un portrait ahurissant du monde actuel, et propose des voies d'évasion pour échapper à cet enfer. Les quelques extraits ci-dessous feront de vous, une fois que vous les aurez lus, des êtres nouveaux, prêts à changer et à se battre : des guerriers de la simplicité.

- *"Trois ingrédients sont nécessaires pour que la société de consommation puisse poursuivre sa ronde diabolique : la publicité, qui crée le désir de consommer, le crédit, qui en donne les moyens, et l'obsolescence accélérée et programmée des produits, qui en renouvelle la nécessité. Ces trois ressorts de la société de croissance sont de véritables pousse-au-crime.*

- *(...) la liste est longue des domaines où le principe de précaution, allégrement violé par les acteurs du développement, n'est pas appliqué : le nucléaire, les OGM, les téléphones mobiles, les pesticides (Gaucho, Paraquat), la directive REACH (mise sur le marché de certaines substances chimiques), sans remonter au cas emblématique de l'amiante. Le développement est un mot toxique, quel que soit l'adjectif dont on l'affuble ("durable, propre..." pléonasme, puisque le développement est déjà une self-sustaining growth ("croissance durable par elle-même") pour Rostow.)*

- *Tous les régimes modernes ont été productivistes : républiques, dictatures, systèmes totalitaires, que leurs gouvernements fussent de droite ou de gauche, libéraux, socialistes, populistes, sociaux-libéraux, sociaux-démocrates, centristes, radicaux, communistes. Tous ont posé la croissance économique comme une pierre d'angle de leur système inquestionnable (...) Ce qui est nécesaire est beaucoup plus radical (que la mise en place d'un nouveau gouvernement ou le vote en faveur d'une autre majorité) : une révolution culturelle, ni plus ni moins, qui devrait déboucher sur une refondation du politique.*

(Une suite et de nouveaux articles prochainement. Avant de terminer ce rappel à propos des réserves de pétrole et de combustibles fossiles : ce que la planète a mis des centaines de millions d'années à enfanter, l'homme en a épuisé près de la moitié en 75 ou 100 ans d'ère industrielle ! voilà pourquoi la crise qui s'annonce sera sans précédent.)

WWW.decroissance.org
WWW.ladecroissance.net

Dimanche 18 octobre 2009

LETTRE DE NON-MOTIVATION POUR L'EMPLOI DE PRESIDENT DE L'EPAD DE LA DEFENSE

Monsieur le Président Directeur de Conseil Général,

J'ai pris connaissance par la presse et les médias du poste à pourvoir à la tête de l'Établissement Public Administratif de Paris-La Défense, ainsi que de la rémunération élevée et des nombreux avantages en nature, en honneurs et en renommée médiatique qui vont avec (offerts dans le *package*.)

Cependant, je suis au regret de vous faire savoir que ni moi ni mon fils ne sommes intéressés par ces hautes fonctions, dont les attributions concrètes ne sont pas clairement définies dans votre annonce, mais qui doivent consister en des tâches amusantes telles que négocier des marchés publics, signer de gros parapheurs, faire des comptes et calculs de taux d'intérêt, jongler avec les aides et subventions et, surtout, participer le soir (après 18h00), à de nombreuses réunions ou manifestations de masse.

Vous comprendrez que, dans ces conditions, malgré tout son intérêt en termes de rémunération et de sécurité, mon fils et moi ne soyons pas vraiment emballés par cet emploi : nous préférons converser nos modestes conditions d'existence actuelles, qui nous permettent de vivoter dans l'anonymat mais avec notre chien et nos deux chats, en nous laissant le temps d'observer le savoureux spectacle de notre société qui marche sur la tête, et se dirige -en titubant- vers une direction variable et indéterminée (avant son cassage de gueule final.)

Avec grand plaisir, mon fils et moi abandonnons ce poste à un certain M. Jean

Sarkozy, qui, d'après divers journaux, se montrerait vivement intéressé. Nous pensons que son jeune âge et ses qualités intellectuelles et humaines ne constituent absolument pas un obstacle, bien au contraire.

Avec nos regrets renouvelés, nous vous prions de croire, Monsieur le Président Directeur de Conseil Général, en nos sentiments de très haute considération.

Olivier BRIGALE GABRIEL

(le livre *Lettres de non-motivation*, de Julien Hervieux -éditions La Découverte- m'a fourni le prétexte de cette modeste tentative...)

Jeudi 20 octobre 2011

LE SECRET DU CRÉATEUR DE FACEBOOK

Marc Zuckerberg n'est décidément pas un jeune milliardaire comme les autres.

Je ne l'admire pas pour l'invention de Facebook (*Facedebouc* en français...), mais pour son respect de l'animal et sa force de caractère impressionnante.

Il ne mange, en effet, que les bêtes qu'il tue lui-même, et précise sur son blog avoir déjà sacrifié un cochon, une chèvre, un poulet et un homard.

Autant dire qu'il ne consomme pratiquement plus de viande et est presque devenu végétarien.

"C'est pour moi chaque fois une épreuve", reconnaît-il.

Chapeau l'artiste !

(source :magazine "Clés")

Vendredi 30 mars 2007

DES P'TITES CROIX, DES P'TITES CROIX, TOUJOURS DES P'TITES CROIX...

LA CROIX, LE NOUVEAU TAG CHOC !

Lu sur un site ami la confession d'un internaute qui se repent d'un curieux péché : depuis quelque temps, il laisse un peu partout trace de son passage sous forme de simples croix taguées au marqueur ou à l'aérosol sur les surfaces plus ou moins lisses de nos belles cités !

Cela s'exécute en un clin d'œil et ne manque pas de sauter aux yeux des bobos incrédules, des lecteurs de Michel Onfray et des talibanlieusards de passage devant la mosquée ou le lycée musulman !

Je ne peux que vous encourager à imiter ce misérable pécheur ! (en respectant le bien d'autrui tout de même : il y a assez d'affiches, de poubelles, de containers plastique, de boîtes aux lettres et de panneaux de circulation disponibles, que diable !)
<u>Pour mon compte, je me joins au mouvement en décorant les enveloppes de mon courrier. J'aime bien, en particulier, prolonger au marqueur le haut du T des enveloppes du même nom... Effet sauvage garanti !</u>

Mardi 11 mars 2008

S'AMUSER AVEC LES ENVELOPPES "T" JOINTES AUX PUB!

Nous recevons tous par la poste des sollicitations en tout genre accompagnées d'enveloppes T (à expédier sans timbrer) pour nous inciter à acheter ou souscrire au plus vite à toutes ces offres faussement alléchantes, toutes plus inutiles les unes que les autres !

Voici un petit jeu (digne de la Cacophony society et de son fondateur Chuck Palaniuk) qui vous amusera beaucoup, vous détendra, fera perdre temps et argent à ces marchands humanitaires, et -cerise sur le gâteau- glissera quelques grains de sable supplémentaires dans les rouages bien huilés du système ! **Mélangez les publicités et les enveloppes T de façon à ce que** *La Banchepute ou Beauxsousrama* **reçoive les brochures des meubles** *Frikea* **ou les formules d'abonnement du** *Nouvel Ex,* **par exemple ! Ou glissez de la pub déposée dans votre boîte aux lettres dans les enveloppes : toutes les combinaisons sont possibles**

!

Des heures d'amusement gratuit en toute légalité ! (veillez quand même à ne pas oublier vos coordonnées dans un coin...)

Mardi 9 novembre 2010

ELEVAGES DE POULES EN BATTERIE : DES CAMPS DE CONCENTRATION GERES PAR DES SS

Avertissement préliminaire : on ne peut trouver pratiquement aucune vidéo Internet montrant ces élevages ultra intensifs, mais selon les groupes de défense des animaux, Néoplanète (mag environnement) et le Nouvel Obs (N°2399) ils ressemblent à peu près à ça :

- des hangars aveugles éclairés en quasi permanence (stimule la ponte en simulant un jour quasi éternel)
- 13 à 18 poules par m2, soit 1 feuille A4 d'espace "libre" par tête
- faute d'exercice, les os des poules qui attrapent l'ostéoporose deviennent gélatineux
- les animaux sont goinfrés d'antibiotiques pour empêcher les maladies dues à la forte concentration
- les becs sont sectionnés avec une lame chauffante car très vite les poules s'entretuent
- durée de vie maximum quelques semaines

En France, les élevages en batterie représentent à peu près 75% de la production.

Ecoeurés ? Alors, à la place des œufs basiques les moins chers disponibles en grande surface, achetez des œufs de poules picorant à l'air libre (bio ou mentions sur les étiquettes), ou allez manger dans les enseignes suivantes, qui ne servent plus d'oeufs ou de volailles issus de batteries : Macdonald, Subway, Amorino (glacier), Troigros...

A savoir : les hypers allemands, suisses, hollandais ou autrichiens ne proposent plus aujourd'hui que des œufs alternatifs aux batteries...

Mardi 24 mars 2009

MEDITATION SUR ROME, PARIS ET LES EMPIRES QUI PASSENT...

A son apogée, Rome comptait un million deux cent mille habitants ; quelques siècles plus tard, en l'an 600, il n'en restait plus que 12000... Voici un texte extrait d'un roman d'Henry Bauchau (*Le boulevard périphérique*) qui peut être l'occasion, pour une fois, d'une méditation sur notre société que nous pensons éternelle.

"Je pense à la Rome du haut Moyen Age, qui n'avait plus que quelques milliers d'habitants. Les pélerins d'alors, effrayés par cette immense cité de ruines, par ces statues nues et ses arcs de triomphe estompés par le lierre, traversaient la ville terrifiés en se tenant par la main et en chantant pour parvenir jusqu'aux pauvres églises, aux petites maisons, au petit palais du pape qui se trouvait au centre. Est-ce qu'un jour les hommes traverseront Paris, avec sa tour de fer rouillée couchée comme une grande bête, avec ses monuments envahis d'arbres, de ronces, de mauvaises herbes, avec la Seine coulant comme elle coule, comme elle coulait déjà bien avant que la ville ne fût ?"

Samedi 10 décembre 2011

LE 1er ROI FRANçAIS : CLOVIS, UN ALLEMAND !

Que veut dire être Français? Et même européen?

En 481, à la mort de son père Childéric (chef d'une tribu franque placée par Rome à la tête d'une partie de la Belgique d'aujourd'hui) **sept dominations germaniques différentes se partagent notre territoire actuel.**

Clovis est un barbare allemand de 14 ans qui, en trente ans, va créer un royaume immense allant du Rhin aux Pyrénées.

De double culture romaine et germanique, **il s'exprimait en allemand et ne parla jamais qu'un peu du français d'alors** (sorte de dialecte ou patois.)

... Ceux qui se plaignent de l'influence de l'Allemagne et d'Angela Merkel dans les tentatives de résolution de la crise européenne actuelle devraient méditer cette vérité historique.

Samedi 12 novembre 2011

GENOCIDE VENDEEN DE 1793 : UNE "SOLUTION FINALE" AVANT L'HEURE?

On savait depuis longtemps (ne serait-ce que par "1793", le roman de Victor Hugo) que nos braves *sans-culottes* et leurs grands chefs avaient aussi *cassé quelques œufs* en faisant la révolution...

Mais ce qu'on sait aujourd'hui grâce aux recherches de gens comme Reynald Secher, un des plus jeunes historiens de France, invité d'*Europe1* et de Franck Ferrand le 31 octobre dernier, dépasse l'entendement.

Les soldats *Bleus* des *colonnes infernales* ont commis en Vendée en 1793 des atrocités dignes des nazis, des Japonais dans le Pacifique ou des Khmers rouges au Cambodge, et Robespierre a été un des principaux responsables de cette véritable tentative de *solution finale* avant l'heure !

Précisions et preuves dans l'enregistrement de cette émission (36 minutes.)
http://www.ndf.fr/nos-breves/31-10-2011/reynald-secher-explique-le-genocide-vendeen-et-le-memoricide-sur-europe-1#.Tr46svQjPjY

Vendredi 18 novembre 2011

L'EPOPEE DE JEANNE D'ARC TRANSPOSEE EN 2012

Imaginons **Jeanne d'Arc aujourd'hui** : qui aurait-elle rencontré pour préparer son épopée, quelle cause serait-elle venue défendre, quels auraient été ses ennemis, qu'aurait-elle fait ?...

Voici une transposition qui montre l'ampleur de l'énigme posée par cette bergère du Moyen-âge, sainte, devenue chef de guerre (article repris d'une lecture de l'année dernière sur le net - source égarée.)

Imaginons donc la fille adolescente d'un fermier du Minnesota ou de l'Arkansas ; elle se rend au Pentagone pour rencontrer le ministre de la défense US.

Elle lui dit qu'elle a pour mission de mettre fin à la guerre en Irak et de rétablir la paix entre Israël et les pays arabes, dont l'Iran, qui menace actuellement l'Etat juif d'une frappe atomique.

Le ministre la croit et l'emmène à la Maison Blanche rencontrer le président des USA, qui la nomme ministre spéciale et lui confie les pleins pouvoirs pour réaliser son objectif.

En quelques mois, de grands succès militaires et diplomatiques sont remportés, mais la jeune ministre finit par être enlevée par une faction d'opposants extrémistes iraniens, qui diffusent son procès sur Internet et sa décapitation en direct depuis une chaîne de télévision arabe.

Un an plus tard cependant, suite à ce choc, les prédictions de la jeune fille sont réalisées : la paix règne entre Israël et les Arabes et de nouvelles perspectives s'ouvrent pour le monde.

(de la même façon, grâce à Jeanne d'Arc, la France était sortie de la *Guerre de 100 ans* pour devenir la 1ère puissance du Moyen-âge, sur le chemin des temps modernes.)

Samedi 31 octobre 2009

LES NANOTECHNOLOGIES ARRIVENT : ERIC DREXLER EST LEUR PROPHETE !

Dans son livre *Machines Créatrices, l'Ère Qui Vient de la Nanotechnologie* (réédité aux éditions Vuibert), **Eric Drexler**, chercheur au Massachussets Institute of Technology, annonçait dès 1986 la Révolution qui pointe : celle des machines construites atome par atome par d'autres machines, rendant possible la maîtrise de la matière à l'échelle de l'infiniment petit, le nanomonde. Grâce aux nanomachines, il deviendrait possible d'imiter et contrôler le processus biochimique qui produit nos molécules ; ces nano-engins ou nano-robots voyageraient dans l'organisme pour réparer des cellules, régénérer de vieux tissus, détruire les cellules du cancer... Drexler prévoit le développement d*'"assembleurs"*capables de s'autocopier et de construire tout type de nano-structure ou nano-robot.

Une telle manipulation de la matière au niveau atomique pourrait entraîner un avenir d'abondance pour l'humanité... mais aussi de grands dangers : capables de s'autorépliquer en complète autonomie, les nano-robots en viendraient à échapper au contrôle de l'homme et coloniseraient la planète en passant par son corps ; leur*gelée grise mi-physique mi-biologique* finirait par tout envahir... En l'état actuel, nous n'en sommes encore pas là, heureusement. La capacité des nanomachines à s'autodupliquer reste une utopie et elles devraient affronter la concurrence des bactéries et de nombreux mico-organismes...

Mais ne nous croyons pas à l'abri de tout dérapage : **sous forme d'aérosols; de nano-poudres, de nano-tubes de carbone que nous pouvons respirer, avaler, aspirer par la peau, ces technologies sont déjà présentes dans nos aliments, nos crèmes solaires, nos vêtements (***chaussettes sans* **odeur...)** Et la CNIL attire aussi en ce moment notre attention sur les risques pour nos vie privée et liberté d'aller et venir : couplées avec l'informatique, les nanotechnologies permettent de nous suivre et de nous voir partout. Big Brother n'est peut-être plus très loin. ATTENTION !

http://WWW.automatesintelligents.com/echanges/2002/aou/drexler.html
http://WWW.cnil.fr/index.php?RDCT=969c173b3c10d1995a9a

Samedi 5 septembre 2009

CONTRAT D'AVEUGLEMENT VOLONTAIRE - RENOUVELLEMENT

La crise bancaire, immobilière, économique et de civilisation démarrée il y a un an a révélé la profonde immoralité et l'extrême vulnérabilité du système économique mondial actuel.

Elle s'est un peu calmée durant l'été (la "*reprise*") et, déjà, banquiers, patrons, gouvernants, syndicalistes et consommateurs moyens applaudissent la la **restauration** de *l'Ancien Régime,* comme si rien ne s'était passé et si, surtout, la vraie crise, celle du réchauffement climatique et de la fin du pétrole, n'était pas encore à venir (voir par exemple le livre : "2030 : le krach écologique") Si vous êtes de ceux qui se réjouissent de cet état de choses *("Chouette, on va pouvoir continuer à polluer, trader et surconsommer comme avant !")* je vous propose de renouveler le contrat tacite que vous avez passé sans le savoir avec notre merveilleuse mondialisation économique durable ; cliquez sur le lien suivant pour prendre connaissance de ce texte inspiré :

http://WWW.syti.net/ContratTacite.html

(à noter que je ne partage pas toutes les orientations de ce site ; en particulier, je n'aime pas la révolution de 1789 et n'attends rien d'une révolution politique quelle qu'elle soit : je ne crois qu'aux révolutions intérieures et personnelles.)

Dimanche 6 novembre 2011

SORTIE DU NOUVEAU NEXUS MAGAZINE

NEXUS, en vente partout en kiosque, est actuellement LE magazine le plus sérieux à aborder en profondeur les sujets volontairement passés sous silence par les autres grands magazines, journaux et médias (Nouvel Observateur, l'Express, le Point, Challenge, Le Monde...)

Ces sujets, en effet, parlent d'inventions et de découvertes alternatives qui, si elles étaient développées, menaceraient l'existence des groupes industriels, économiques, pharmaceutiques qui fournissent les objets de notre quotidien (automobile. santé-médicaments, alimentation...)

NEXUS diffuse également toutes sortes d'informations sur lesquelles les pouvoirs politiques, militaires et intellectuels en place ne communiquent pas parce qu'elles dérangent et remettent en cause ce que nous avons appris ou pensons savoir.

NEXUS est actuellement un des rares magazines dont les ventes progressen t de manière significative (précisions dans wikipédia.) Sommaire du numéro de novembre-décembre :**www.nexus.fr/nexus_en_kiosque.php**

http://www.trouverlapresse.comlink

Samedi 3 décembre 2011

THEORIE DU GENRE : UNE ABERRATION SCIENTIFIQUE A L'ECOLE !

Oui, vous avez bien lu : une absurdité scientifique a fait son apparition dans les manuels scolaires de SVT (sciences de la vie et de la terre/classes de 1ère) lors de la dernière rentrée de septembre : celle de la prétendue "théorie du genre"- *gender* en anglais.

Selon cette notion, venue de l'ultra féminisme et des lobbies transgressifs homosexuels anglo-saxons, la nature n'a pas séparé l'humanité entre hommes et femmes et, en conséquence, chaque humain est libre de choisir son orientation sexuelle - hétéro/homo/trans - et d'en changer à sa guise, via la chirurgie, le clonage ou des bricolages procréatifs comme l'utérus artificiel ! Bref, la construction de la personnalité et la santé mentale de nos enfants sont en jeu.

Je ne vais bien sûr pas m'appesantir trois heures sur le sujet, qui mérite trois lignes (celles ci-dessus.)

Agissons plutôt sans perdre de temps ; bloquons l'intrusion de cette idée sans fondement au lycée, dans la tête des jeunes et dans les familles en orientant parents et professeurs vers, par exemple, ALLIANCE VITA, qui souhaite agir selon deux axes :
- repérer, dénoncer et contrer les offensives du gender dans la culture, la politique et le droit
- décrypter la manipulation dans les manuels et offrir aux élèves de 1ère les clés pour rester dans la réalité
FEU A VOLONTE !
www.alliancevitaorg
Samedi 18 février 2012

DOCUMENT : COMMENT JACK LANG FAIT ECRIRE SES LIVRES (ET D'AUTRES...)

Je cite ici le cas de Jack Lang, mais il est loin d'être un cas isolé : hommes politiques, universitaires, journalistes, stars des médias (etc.), ils sont des centaines de personnes connues (peut-on dire "écrivains"?) à publier chez de grands éditeurs des livres dont ils rédigent au plus quelques pages ; le reste vient de la plume de leurs étudiants, assistants, collaborateurs et autres *nègres*...

La méthode de Jack Lang est un bon exemple de la façon dont ils opèrent ; la voici, confiée à L'EXPRESS en septembre 2005 par un éditeur :

"Il arrive avec une idée, jamais gratuite : il va écrire sur François 1er ou sur la Vème République parce qu'il a tel ou tel objectif politique. Un spécialiste ou des documentalistes font un "plâtre". Lang le lit, fait des remarques et le renvoie à "l'atelier" pour une deuxième version qui va ensuite chez l'éditeur. Ce dernier apporte ses retouches, puis, après un autre passage à "l'atelier", Lang met le vernis. C'est un peu comme Rembrandt et ses aides (...) Lang remarque un détail dans ses archives, exige qu'il soit évoqué dans un passage du livre, qu'il trouve trop court et fait reprendre selon ses consignes."

Au moins nous, les petits prolos de l'écriture dont les "pros" de l'édition ne lisent pas les manuscrits (parce que nous n'avons pas de nom, ne tombons pas sous les feux de l'actualité...), dont les grands salons nous refusent en général l'accès, AU MOINS NOUS LES ECRIVONS NOUS-MÊMES DE A à Z, NOS ROULEAUX DE P.Q. !

Dimanche 12 août 2012

LE FRARABE SANS PEINE (1ère leçon)

Après le franglais -en train de passer de mode- le *frarabe*, contraction de français et de arabe, envahit l'hexagone...
OGPRESSE, toujours soucieux de modernité, vous initie ci-dessous à ce nouveau parler, particulièrement apprécié du bobo branché d'aujourd'hui.

Leçon 1

alimentation : Halim'entation
allô : Allah
aluminium : Aliminium
cheik : chèque
mardi : mahdi
madison : mahdison
Cora : Cora'n
coup franc : Koufra
gin fizz/gin tonic : djinn fizz/djinn tonic
mecqueton : mektoub

Pas insurmontable quand même, hein ?

(à suivre)

Samedi 10 novembre 2012

JE SUIS DEVENU "FLEXITARIEN" (MANGEUR DE VIANDE OCCASIONNEL)

Vous l'avez déjà lu sur ce blog : la viande est chère, coûteuse à produire (épuise les ressources en eau et environnementales) ; de plus, l'élevage industriel entraîne pour les animaux beaucoup de souffrance : conditions de vie et de transport déplorables, mort stressante et douloureuse...

Pour finir, on peut largement s'en passer ; sa consommation 2 ou 3 fois par semaine suffit à couvrir les besoins de la plupart des gens, en la remplaçant par des aliments comme du riz, des lentilles, des galettes de soja, du haricot rouge et de nombreux féculents...

D'un autre côté, il n'est pas toujours évident de l'éviter dans la vie courante (invitation dans la famille, chez des amis, pas de sandwiches sans viande ou charcuterie dans le commerce entre midi...), et tout le monde ne souhaite pas devenir végétarien.
C'est votre cas ?

Pas de panique : comme moi, contentez-vous de consommer de la viande de temps en temps, jamais hallal (les animaux sont égorgés en pleine conscience), et portez fièrement vos galons de FLEXITARIEN !

Samedi 16 juin 2012

L'ESPRIT CONTRE L'ECONOMIE, AVEC BERNANOS

L'économie occupe la première place dans nos sociétés. Elle domine aujourd'hui le politique.

Bernanos, qui était peut-être fou mais lisait l'avenir, avait prévu -je cite ici R.L. Bruckberger (*Bernanos vivant*)- que *"le discours politique allait s'abaisser de plus en plus aux termes de l'économie", et que les chefs politiques se mettraient à parler de la France, ainsi qu'un fermier de son plus bas bétail : "Pourvu qu'il grandisse ! Pourvu qu'il grossisse ! Pourvu qu'il prenne du poids !"*

La liberté a besoin pour survivre d'un espace qui est du domaine de l'esprit ; ne l'oublions jamais, nous les matérialistes d'aujourd'hui, pour qui la vie se réduit à consommer et produire, acheter et vendre, et qui proclamons désormais sans le savoir : **"Economie, égalité, fraternité"**.

On ne vit pas seulement de courses à Leclerc, de hamburgers de chez Macdo, de gros sous et d'économie, comme l'a dit un autre Cinglé !

Samedi 8 décembre 2012

IL DENONCE DANS L'INDIFFERENCE LE MASSACRE OUBLIE DES FEMMES DU CONGO

Il s'appelle Denis MUKWEGE.
C'est un gynécologue de 57 ans et l'un des seuls saints d'aujourd'hui.
En 13 ans, il a opéré 40 000 femmes violées - plutôt torturées dans des conditions abominables (vagins emplis de caoutchouc brûlé ou de fuel enflammé devant voisins, maris, enfants, etc.)- sur plus de 500 000 viols commis en seize ans, selon des chiffres officiels.

Où et par qui ? : en RDC ou République Démocratique du Congo, par à peu près tous les groupes armés qui depuis des dizaines d'années, dans notre plus complète indifférence de riches, s'entretuent là-bas : rebelles hutu, forces maï maï, soldats rwandais, troupes gouvernementales congolaises, dernièrement insurgés du M23.
Ce n'est pas fini : le Dr MUKWEGE ne se contente pas d'opérer, il arpente le monde, dénonce partout ce crime contre l'humanité -ONU, Maison Blanche, Parlement européen-, et risque sa peau chaque jour. *"J'en suis au 6ème attentat par balles. Je crois bien que j'ai une protection... surnaturelle"* dit d'une voix douce cet homme qui a la foi (il est aussi pasteur.)

Je vous propose de relayer l'action du Docteur en diffusant ce texte ou donnant les références de l'article *de Le* Monde du 28 novembre 2012 (page 18), dont je me suis inspiré.

Je propose à ceux qui prient de le faire chaque pour cet homme, ces femmes, la RDC et l'Afrique Noire, ce trou du cul du monde d'aujourd'hui qui n'en veut surtout pas.

Portons MUKWEBE dans une chaîne de prière ou d'initiatives, il ne doit pas rester seul.

Vendredi 19 décembre 2008

PLUS DE FOURRURE POUR NOËL ET AUTRES FêTES !

EN CETTE PERIODE DE FÊTES, N'OUBLIONS PAS LES ANIMAUX TORTURÉS DANS LE MONDE POUR LEUR FOURRURE !

Vous n'aurez maintenant plus l'excuse de l'ignorer : partout dans le monde, les animaux sont élevés et achevés dans la souffrance pour commercialiser leur fourrure :

- chez nous en France : 100 000 lapins Orylag âgés de 20 semaines sont attachés par la patte arrière sur des chaînes d'abattage, puis étourdis par une décharge électrique, enfin égorgés et saignés encore conscients.

-en France encore : 190 000 visons « mutants » nés en avril, issus de manipulations génétiques, sont gazés en novembre, mais des éleveurs leur brisent la nuque encore conscients.

-en Suisse : on produit de la fourrure de chat ; ce pays, hors de l'Europe, risque de devenir plaque tournante du trafic de fourrure de chien et chat

-en Chine : tout est permis : *il n'existe pas de législation pour protéger les animaux ; les chiens sont en général bastonnés et dépecés vivants, les chats pendus !* Tous les animaux d'élevage sont concernés. Leurs peaux sont exportées en Europe pour les garnitures des parkas et vêtements « à prix cassés ».

- ailleurs : 7 millions de renards d'élevage sont tués par une électrode enfoncée dans le rectum, l'autre dans la gueule ; la mort, non instantanée, peut être précédée d'une grande douleur.

(source : SPA)

Conclusion 1 : plus jamais d'achat de fourrure ou vêtements à garnitures de fourrure !

Conclusion 2 : diffusons ce type de message autour de nous, auprès des commerçants et industriels de la fourrure de notre ville, des asiatiques en France et des ambassades des pays d'Asie : Chine, Thaïlande, Vietnam, Laos, Cambodge...

Mercredi 26 décembre 2012

PAUL WATSON LE PIRATE DES MERS - SOUTENIR SA FLOTTE DE COMBAT

Paul WATSON se cache actuellement en haute mer (eaux internationales) pour ne pas être arrêté : il est en effet recherché par Interpol pour atteintes à la propriété privée, destruction de biens, abordage et tentative d'arraisonnement de baleiniers japonais pratiquant la pêche industrielle.

Il a quitté Greenpeace pour fonder la **Sea Shepherd Conservation Society (SSCS/ Berger des Mers)** en 1977, partant du constat que les lois et réglementations internationales de protection des océans n'étaient pas appliquées ; dans cette attente, **Sea Shepherd s'est fixé pour but d'assurer la police des océans** contre les braconniers et exploiteurs privés et étatiques.

Pour lui **"Détruire un harpon, un filet ou une arme destinés à tuer un être vivant constitue une action non violente car en détruisant ce bien matériel, on sauve des vies"**. il dit aussi "Je ne crois pas que quelque chose de bon puisse jamais sortir de la politique. Les gouvernements engendrent les problèmes, ils ne les résolvent pas." (il se méfie donc des partis écologistes, surtout ceux dits de gouvernement.)

Il mène actuellement une campagne "Opération Tolétance Zéro", pour zéro baleine tuée.

CARACTERISTIQUES DE SEA SHEPHERD :
- Sea Shepherd **défend la cause animale "au moins autant sinon plus que la cause humaine"** (Hillary, moins de 25 ans). Ecologiquement parlant, certaines espèces sont

plus importantes que la nôtre : les vers, par exemple, peuvent parfaitement survivre sans l'homme, mais l'inverse n'est pas vrai.

- **Sea Sheperd n'est pas une organisation démocratique** :"Ici, ce n'est pas une démocratie, chacun ne fait pas ce qu'il veut" (Sid.) Ses membres sont pour la plupart de stricts végétariens.
- Sea Shepherd agit dans l'illégalité (voir ci-dessus.)

LA FLOTTE DE COMBAT DE SEA SHEPHERD :
- le "*Steve Irwin*", navire amiral, 35 membres d'équipage, 57 mètres
- le "Brigitte Bardot", trimaran ultra-moderne commandé par le navigateur français Jean Yves Terlain
- le "Bob Barker", piloté par le N° 2 de SSCS, Peter Hammarstedt
- le "Sam Simson"
- un hélicoptère, 8 gros Zodiac et 3 drones

POUR REJOINDRE SEA SHEPHERD - adhésion, soutien financier, volontariat, etc. link

Samedi 1ᵉʳ octobre 2011

ETAT D'ÉBLOUISSEMENT

Rentré d'une semaine aux Baléares -Cales de Mallorca, Est de Majorque- dans la nuit de dimanche à lundi...

Le rouille des criques de là-bas, le jaune du sable, la lumière, le bleu émeraude de l'eau, le turquoise, l'indigo n'ont pas encore quitté mes yeux et ma tête : là-dedans il a comme une sorte d'éblouissement, d'hébétude qui recouvre le reste...
Avant je croyais que la Grèce en difficulté, l'Union européenne, Israël, l'Islam, le monde arabe, la France, les difficultés des Français, tout cela comptait ; je pensais qu'Internet, l'ordinateur sur lequel je tape ce matin avaient une sorte d'importance...
Je ne sais pas ce qui s'est passé mais aujourd'hui, c'est comme si la Grèce, les Palestiniens, l'Union européenne, le réchauffement climatique, les centrales nucléaires n'avaient pratiquement pas de consistance ; tout cela baigne dans une sorte de brouillard lumineux dans mon esprit, derrière le verre dépoli de ma paupière baissée comme un store, éblouie.

Le Scandale du Médiator, l'attentat de Karachi, les affaires, Sarkozy, l'emploi, le pouvoir d'achat des Français, l'élection d'un socialiste ou de Marine le Pen aux présidentielles l'année prochaine, le changement climatique, tout cela n'a strictement aucune importance. Plus le moindre intérêt à mes yeux.
Ce matin, mes yeux baignent encore dans une sorte d'éblouissement. Je suis une espèce d'aveugle.

II/ARTICLES
ENIGMES DE LA SCIENCE

Mardi 3 avril 2007

LE POINT ET SON MYSTERE

LE POINT : UN CONCEPT MYSTERIEUX

L'observation au microscope électronique d'un point marqué au crayon sur une feuille de papier est des plus étrange. Il ressemble à un tas de copeaux de carbone. Si l'on augmente l'agrandissement, les copeaux de carbone montrent des milliards d'infimes atomes de carbone qui ont tous l'apparence d'un point. Un agrandissement supplémentaire révèle qu'il est, en fait, impossible de savoir où se trouve exactement le point, ou le centre.

Le point sert donc à désigner ou symboliser quelque chose d'indéfinissable. C'est une illusion.

Mardi 20 mars 2007

DES SONS VISIBLES DANS LE SABLE

Des travaux sur les phénomènes ondulatoires et vibratoires ont permis de rendre visibles certaines ondes sonores.

Dès la fin du 18ème siècle, un physicien et musicien allemand, Ernst Chladni, fit apparaître des motifs variés en tirant à l'arc au dessus d'assiettes recouvertes de sable. Plus tard, dans les années 1960-1970, le Suisse Hans Jenny inventa un appareil acoustique, le *tonoscope*, capable de générer des formes sur une membrane tendue, recouverte de sable fin, lorsqu'on prononçait des voyelles dans son embout.

Curieusement, la prononciation des voyelles de langues anciennes et sacrées (hébreu, sanskrit…) révélait des images de mandalas ressemblant au son émis (" *oh, ah, ou…*") alors que l'expérience ne fonctionnait pas avec les langues modernes !

21ème siècle über alles ? nos temps modernes et le désert du passé, à part ça

Mercredi 18 avril 2007

LUMIERE MYSTERE...

Selon divers textes sacrés : " La lumière est la première des créatures." Einstein a découvert une chose extraordinaire à son sujet : elle ne vieillit pas (*relativité restreinte* de l'espace et du temps.)

La lumière voyage toujours à la vitesse constante de 350 000 KM/seconde, jamais plus ni jamais moins, et seulement dans l'espace. Comme le décrit la science-fiction, le temps s'arrête pour l'homme qui voyage dans l'espace à la vitesse de la lumière. Le temps est plus rapide lorsqu'on est immobile que lorsqu'on se déplace à grande vitesse. Une expérience l'a démontré.

En 1971, J.Hafele et R.Keating ont placé des horloges au césium très précises sur des avions commerciaux de la Pan Am faisant le tour du monde, puis ont comparé le temps écoulé avec celui indiqué par des horloges analogues restées au sol : le temps avait passé moins vite sur les horloges embarquées ! (quelques centaines de milliardièmes de secondes, mais en accord avec Einstein quand-même !)

Jeudi 17 mai 2007

LUMIERE ENIGMATIQUE (fin)

Louis De Broglie a fait une magnifique supposition : " A l'origine des temps, au lendemain de quelque divin *fiat lux*, la lumière, d'abord seule au monde (*la première des créatures*) a peu à peu engendré par condensation progressive l'univers matériel tel que nous pouvons, grâce à elle, le contempler aujourd'hui. Et peut-être, un jour, quand les temps s'achèveront, l'univers retrouvant sa pureté originelle se dissoudra-t-il de nouveau en lumière. "

" Les formules de la mécanique classique sont valables tant qu'il s'agit de vitesses faibles (…) mais la relativité s'impose aux vitesses proches de celles de la lumière ", dit Paul Couderc. Autrement dit, les concepts de temps et de masse absolus de la mécanique classique de Newton ne valent qu'à notre échelle : aux vitesses proches de celle de la lumière (relativité/infiniment grand), ils deviennent approximatifs.

La physique newtonienne voyait la lumière comme une onde au rayonnement régulier et continu. Or, en 1900, Planck a montré que ce n'est pas le cas : la lumière est émise par petits paquets discontinus, en quantités séparées (*quanta* ou grains de lumière.) En physique quantique, donc, les quantas sont à la fois ondulatoires et corpusculaires ; une particule de lumière (quanta) est à la fois onde et corpuscule ! De plus, tenez-vous bien, cette particule se trouve à deux endroits à la fois : elle en même temps ici et là-bas ! Cette dualité est universelle.
Dans l'univers, tout est inter-relié, corrélé, et, dans un certain sens, *religieux* ! (religion=relier en latin.)

Jeudi 17 mars 2011

Depuis sa naissance, la Terre serait en expansion

Selon une théorie récente, la tectonique d'expansion (TE), la taille de la terre n'est pas fixe : son rayon aurait augmenté de façon continue depuis sa naissance, ce qui a pour effet de remettre en question la théorie traditionnelle de la tectonique des plaques (TP). Des données géologiques et géophysiques modernes semblent accréditer cette thèse.

Issue de l'hypothèse de la dérive des continents proposée par Alfred Wegener en 1915, la théorie de la tectonique des plaques est sous-tendue par l'idée selon laquelle la taille de la Terre n'a pas varié depuis son origine, il y a 4,5 milliards d'années.
L'idée d'une augmentation du rayon terrestre est défendue par certains chercheurs qui ont observé que si notre planète était de 55% à 60% plus petite qu'aujourd'hui, les continents seraient regroupés en un seul et la recouvriraient entièrement.

C'est ainsi que, selon K. Vogel (1980-1990), "L'expansion terrestre a engendré la rupture et la dispersion progressive des continents qui s'éloignèrent les uns des autres au fil des temps géologiques." Dans le modèle de la TE, il y a plusieurs centaines de millions d'années, les océans d'aujourd'hui n'existaient pas et l'ensemble des croûtes continentales s'assemblaient pour former un unique continent appelé "Pangée", partiellement couvert d'un réseau de mers peu profondes.

Ces éléments sont corroborés par les données géologiques et géophysiques modernes, qui indiquent que la Terre a subi une expansion constante puis accélérée après le Précambrien, ainsi qu'une séparation des continents avec ouverture des océans depuis 200 millions d'années.

Dimanche 13 mai 2012

LA CONSCIENCE ET NOS PENSÉES : DES PRODUCTIONS DU CERVEAU?

D'où viennent nos pensées et notre conscience ? Nos souvenirs et notre mémoire se trouvent-ils dans notre cerveau ?

Spontanément, nous considérons avec la force de l'évidence, sans y réfléchir, que le cerveau produit la pensée, créée la conscience et contient notre mémoire, mais en est-il réellement ainsi ? Au dix-neuvième siècle et et il y a encore peu de temps, pour le monde scientifique dans son ensemble, c'était une vérité impossible à remettre en cause, un véritable dogme.

Mais des découvertes scientifiques et médicales récentes, ainsi que les témoignages de mort imminente émanant de patients revenus du coma semblent indiquer que nos conceptions sont peut-être erronées : nos pensées ne viendraient pas du cerveau, mais du dehors ; nous serions reliés à une conscience ou un vaste réservoir de conscience extérieur (pouvant rappeler la notion d'inconscient collectif de Jung.)
Voici des références d'articles ou de livres troublants publiés dernièrement qui confortent cette thèse, et peuvent facilement être consultés :

–le dossier "Autisme - le syndrome savant défie la science" publié dans le n° 76 du magazine NEXUS (septembre-octobre 2011, p. 74 à 83) : les génies autistes calculant plus vite qu'un ordinateur ou dessinant dans leurs moindres détails des capitales internationales survolées 20 minutes en hélicoptère ne possèdent pas un nombre de neurones beaucoup plus élevé que la moyenne, comme le soutient la science, mais semblent percevoir directement les résultats ou les panoramas comme des sortes d'objets ou de photos en 3D.

–le livre-témoignage *"Une larme m'a sauvée"* d'Angèle Liéby (les Arènes, mars 2012) ; l'auteur y raconte comment, plongée dans le coma et considérée comme morte en raison de son électroencéphalogramme plat, elle a évité in extremis d'être "débranchée" grâce à une larme coulant sur sa joue aperçue par sa fille ; elle avait pleine conscience de ce qui se passait autour d'elle et avait notamment entendu la décision des médecins de débrancher les appareils maintenant artificiellement ses fonctions corporelles...

- "La divine connexion" du Dr Melvin Morse (éditions Le Jardin des Livres), selon lequel, notamment, les souvenirs de notre vie ne sont pas conservés dans notre tête mais à l'extérieur.

III / ARTICLES

CABINET DE CURIOSITES – INCONNU
MYSTERES

Dimanche 7 janvier 2007

UNE SATIRE FEROCE

Jonathan Swift, auteur des très célèbres *Voyages de Gulliver*, écrivit aussi en 1729 une satire moins connue, qui s'intitulait sobrement :

Modeste Proposition pour empêcher les enfants des pauvres en Irlande d'être à la charge de leurs parents ou de leur pays et pour les rendre utiles au public

Ladite proposition suggérait aux Britanniques de manger les enfants irlandais dont le flot croissant menaçait leur survie !

Mardi 8 mai 2007

LE CACHALOT DES AIRS

Voici la fiche technique du plus grand ptérosaure (dinosaure oiseau) ayant jadis volé sur la terre :
- nom : *Cachalot des airs*
- âge : 65 millions d'années
- dimensions : 100 mètres d'envergure
- nourriture : plancton d'insectes et d'araignées charrié par les vents de haute altitude
- habitat : la stratosphère, aux lisières de l'espace, d'où il apercevait la courbure de la terre et les étoiles au dessus de lui. Il pouvait faire le tour du globe sans toucher terre en suivant les vents et courants ascendants (l'air de la fin du Crétacé était plus chaud, plus riche en oxygène et porteur que le nôtre)
- caractéristiques : os creux ultralégers, bec énorme, flux sanguin et poches d'air modulables à divers endroits du corps pour réguler la température des organes. Cerveau atrophié car il se passait rarement quelque chose dans les froides régions de là-haut!
- espèce limitée à quelques dizaines d'individus dispersés autour de la planète, à cause du peu de nourriture disponible

Jeudi 26 juillet 2007

UN FAIT DE RESISTANCE MECONNU

En décembre 1942 à Montbéliard, le jour de Noël, pendant la messe de minuit, l'abbé Jean Flory dévoile devant l'assistance, dont des officiers allemands, une crèche dont les personnages - Jésus, Marie, Joseph - portent l'étoile jaune sur la poitrine !
(ces trois-là ne sont-ils pas juifs?)
"Nous sommes tous spirituellement des Sémites", a dit le pape Pie XI vers 1935

Jeudi 11 octobre 2007

MARTIN BORMANN ET LES FEMMES

Martin Bormann, l'homme de confiance de Hitler, condamné à mort par contumace par le tribunal de Nuremberg, détestait les Juifs mais aimait les femmes ! Secrétaires, dactylos, petites actrices, il sautait sur tout ce qui remuait et sa réputation de Don Juan du Reich n'était plus à faire...
Mais le plus beau est que sa femme, qui lui avait donné neuf ou dix enfants, était très compréhensive... Il lui arrivait même de proposer à son mari d'héberger chez eux une de ces dames ! On a retrouvé, en particulier, une charmante lettre dont voici un extrait :

"Vu la baisse terrible de production d'enfants à cause de cette guerre, nous mettrons en place un système de maternité par rotation, pour que tu aies toujours une femme en état de servir".

Pas mal la formule, hein ? Voilà une femme qui attachait de l'importance au travail bien fait, aux valeurs économiques et à certaines autres, comme l'Etat et le service de la patrie. Pas comme aujourd'hui où tout le monde se défile et où plus personne ne croit en rien, non ?
(anecdote et extrait tirés du livre - noir, très noir, mais avec éclat - de Jonathan Littel *"Les Bienveillantes"*)

Vendredi 7 décembre 2007

VICTOR HUGO ET LE DONON

Le Donon est le sommet le plus élevé des Vosges du Nord et un ancien site sacré des Celtes, des Gaulois puis des Romains.

Selon une lettre que son père, le général Hugo, envoya à son fils pour ses vingt ans, c'est sur ses pentes envahies de sapins que le petit Victor, notre futur barde national, fut conçu :

" *Créé, non sur le Pinde, mais sur un des pics les plus élevés des Vosges, lors d'un voyage de Lunévile à Besançon, tu sembles te ressentir de cette origine presque aérienne (...)* "

Etonnant, non ?

Vendredi 15 février 2008

QUAND LES LUNES TOMBAIENT SUR LA TERRE...

Il n'y a pas que certains satellites en fin de vie qui menacent de retomber. Selon les Mayas et Hoerbiger, la lune que nous connaissons n'est pas la première (Hitler y croyait ; voir *Le Matin des Magiciens* de Pauwels et Bergier). Au cours de son histoire, la terre a connu plusieurs lunes qu'elle a attirées et qui sont toutes tombées au sol, provoquant des catastrophes dont on retrouve des échos dans les mythes, universellement répandus, des déluges. Et puis nos ancêtres Gaulois ne craignaient-ils pas que le ciel ne leur tombe sur la tête ?

L'attraction lunaire est bien connue. A une époque les hommes et les animaux étaient plus grands (géants, dinosaures...) parce que notre satellite était plus proche, donc son attraction et la pesanteur différentes. La lune - ou autres fragments de planètes ou d'astéroïdes attirés par la terre – aurait même jadis rassemblé les mers pour former une ceinture liquide autour de l'équateur ; lors de son explosion le reflux aurait entraîné l'engloutissement de civilisations comme l'Atlantide...

Montaigne, prenant ses sources chez Lopez de Gamara, écrit dans son essai sur les coches " Les Mayas croyaient que le monde était partagé en cinq âges et la vie de cinq *soleils* (c.à.d lunes) consécutifs, dont 4 avaient déjà vécu leur temps ". Il précise le type de mort de chacun de ces âges : *inondation générale* pour le 1er, *chute du ciel* pour le second, *feu* pour le 3ème, etc. D'après ces théories, lorsque la lune tournait à la même vitesse que la terre et semblait immobile, des chaînes de montagne comme l'Abyssinie furent soulevées et des continents aspirés dans les océans.

Dans son roman *La Pierre Philosophale,* Colin Wilson nous livre cette vision de Mu, le continent perdu :

"C'était un pays de géants - les oiseaus et les animaux comme les hommes. De grands papillons multicolores d'1,60 mètre d'envergure volaient parmi les arbres immenses. D'énormes oiseaux aussi imposants que des avions de ligne étaient adorés (...) Des éléphants et mastodontes atteignaient une taille voisine de celle des dinosaures. Et dans le ciel voguait une lune énorme, bleu pâle, qui neutralisait la pesanteur et causait la formidable croissance de toutes créatures vivantes de Mu."

Dimanche 27 juillet 2008

FIN DES TEMPS, FIN DU MONDE ET RETOUR DU CHRIST

Selon Patrick de Laubier, Professeur de sociologie religieuse à l'Université de Genève, " *Le temps des martyrs est revenu* " (Jean Paul II) et le temps du retour du Christ -Parousie, point Oméga- semble se rapprocher.(voir entretien à l'adresse http://eucharistiemisericor.free.fr) :

L'humanité vit une histoire parallèle à la vie du Christ.
La fin des tempscorrespond à la Passion dans la vie du Christ : l'Eglise –Corps du Christ- et les apôtres des derniers temps, comme ceux des premiers, auront à revivre cette ultime semaine qui sera elle aussi marquée par une trahison –l'apostasie-, un traître –l'Antéchrist-, et un bref dimanche des Rameaux triomphal (seul moment de sa vie où Jésus Christ est reconnu comme Fils de David, Messie, Fils de Dieu.)
Ensuite viendra la fin du monde, avec le retour de Jésus Christ, la résurrection, le jugement dernier et l'avènement de la 2ème création.

L'histoire n'est autre que le dévoilement du plan de Dieu. La floraison actuelle de 1000 communautés qui n'auraient pas germé dans une chrétienté en bonne santé serait une période de pré-apostasie. Même avec la chute du communisme et les extraordinaires progrès de l'œcuménisme (rien n'est impossible à Dieu), nous sommes plutôt dans une civilisation de la mort que de l'amour. La déchristianisation s'accélère .

"Mais le Fils de l'homme quand il viendra trouvera-t-il la foi sur la Terre ? " (mystérieuse parole de Jésus.)

Les apparitions mariales (et autres épanchements de larmes ou d'huile des icônes miraculeuses) se multiplient depuis le 19ème siècle. Ces manifestations, qui ont en commun douceur et beauté, mais aussi tristesse et attente suppliante, montreraient que nous sommes entrés dans un temps de combat spirituel fort dont les luttes extérieures sont les échos. Les chrétiens eux-mêmes sont devenus incrédules et, trop bien ici comme tous les nantis de la planète, ont perdu l'élan vers le Christ et le désir du ciel. La mère de Dieu est montée au créneau pour nous sauver. Elle est la Femme de l'apocalypse en travail d'enfantement.

Nous savons que les civilisations sont mortelles : peut-être commençons-nous également à avoir une certaine conscience de la fin des temps ? Courage, n'ayons pas peur ! répétait sans se lasser Jean-Paul II.

Vendredi 17 octobre 2008

MOMIES D'ENFANTS INCAS RETROUVEES A 6700 M D'ALTITUDE

Les corps gelés et préservés de 3 enfants Incas sacrifiés ont été retrouvés en 1999 au sommet d'un ancien volcan des Andes, à la frontière entre le Chili et l'Argentine. Ces 3 enfants – une jeune fille de 15 ans, une fillette de 6 et un garçon de 7 – semblaient dormir assis en tailleur lors de leur découverte. Ils avaient encore du sang dans le cœur et les poumons.

Après avoir marché plusieurs centaines de kilomètres depuis Cuzco, ils avaient été placés dans des niches creusées au sommet du mont et étaient morts gelés durant leur sommeil, après avoir bu de la bière de maïs (*chicha*).

Le sacrifice faisait partie d'un rituel religieux appelé *capacocha*. Seulement des enfants physiquement parfaits et en bonne santé étaient choisis, ce qui était un grand honneur.

Selon les croyances Inca, les enfants ne mourraient pas, mais rejoignaient leurs ancêtres et veillaient sur leurs villages depuis les sommets, un peu comme des anges.

(Photos et article dans le supplément en anglais du journal Le Monde du 22/09/2007.)

Jeudi 9 avril 2009

UN MIRACLE A RETARDEMENT : LA VIERGE DE GUADALUPE

En ce soir de jeudi saint, voici le rappel d'une apparition de la Vierge qui se prolonge aujourd'hui, puisque les scientifiques continuent à faire des découvertes inexplicables à son sujet.

L'apparition eut lieu en décembre 1531 près de Mexico. Marie se montra 4 fois à Juan Diego, un paysan nouvellement baptisé, qu'elle chargea de demander à l'évêque de construire une église ; l'évêque incrédule réclama un signe et, trois jours après, en redescendant d'une colline où elle l'avait envoyé cueillir des fleurs, il redescendit le manteau (*tilma*) chargé de fleurs magnifiques (en hiver) ! Quand il ouvrit son manteau devant l'évêque un peu plus tard, une image de la Vierge vêtue d'un manteau d'or, enceinte, s'y imprima.

Constatations et découvertes actuelles (depuis 1950) :

-après 475 ans, alors que la chaleur et l'humidité du climat auraient dû la détruire, la tilma (simple assemblage de fibres de cactus) est toujours intacte
- aucune trace de peinture n'a été trouvée dans les fils de tissu analysés
- après fort agrandissement des pupilles de Marie (2500x), la scène de Juan Diego ouvrant son manteau devant l'évêque est apparue (5 personnages)

- en 1979, une série de clichés infrarouge a montré que l'image de Marie était imprimée directement sur les fibres (sauf les doigts retouchés pour les raccourcir) (pour plus de détails, consulter Google et moteurs de recherche.)

Dimanche 30 août 2009

GOETHE RENCONTRE SON DOUBLE

Dans ses mémoires, **Goethe** raconte qu'un jour, sur une route d'Alsace, *après avoir pris congé* de son amie, il croise son double, à cheval comme lui, mais portant une redingote d'une autre couleur que la sienne. Or, huit ans plus tard, *en allant voir* la même dame, il se rend compte qu'il est exactement habillé comme l'était ce fameux sosie qu'il a rencontré jadis en chemin. Bref, il s'est vu tel qu'il serait près de dix ans après...

Dimanche 28 février 2010

TEOTIHUACAN : UN COMPLEXE SERVANT A PREVOIR LES TREMBLEMENTS DE TERRE

Teotihuacán, à 50 km au nord-est de Mexico, est un complexe de pyramides reliées entre elles par des "allées". On ignore la fonction de cette énorme structure et de ses constructions, et ne sait pratiquement rien de ses bâtisseurs, antérieurs aux Aztèques. Cependant, selon des découvertes récentes, l'"Allée des Morts", la voie principale reliant les pyramides dites de la Lune et du Soleil, constitue la reproduction ou projection au sol de la Voie Lactée.

Plus étonnant encore, un ingénieur américain en sismologie, Alfred Schemmler, a soutenu dès 1971 que la prétendue "Allée des Morts" est en réalité "un système de surveillance sismique à distance" issu d'une science oubliée.

Il avait observé, en effet, que "l'Allée" en question ressemblait plutôt à un réseau de canaux et de bassins truffé de vestiges de murs formant barrages, conduites et canalisations (le terrain formait lui-même une pente dans l'axe nord-sud.)

Or, les tremblements de terre provoquent la formation d'ondes à la surface de l'élément liquide d'un bout à l'autre de la planète. Étagés et espacés, les bassins de l'Allée des Morts pouvaient permettre de localiser et déterminer l'amplitude des séismes survenant sur le globe, et ainsi prévoir l'arrivée du phénomène dans la région (principe de résonance.)

On connaît bien le souci de la prévision qui transparaît chez les Mayas, par exemple (calendriers.)

(cité d'après un livre de Graham Hancock)

Samedi 20 février 2010

DES ROSES ET UNE BOUTEILLE DE COGNAC SUR LA TOMBE DE POE

L'ignoriez-vous ? Depuis 60 ans, à Baltimore, un inconnu dépose chaque 19 janvier - date anniversaire de sa naissance - des roses et une bouteille de Cognac sur la tombe d'Edgar Allan Poe.

Petit problème : le 19 janvier dernier, personne n'est venu... Les curieux se pressant dans les rues autour du cimetière ont-ils dissuadé le mystérieux visiteur ? Ou son successeur, car, il y a quelques années, un message trouvé sur la tombe annonçait sa mort, en précisant que le rituel ne serait pas interrompu et se poursuivrait.

(repéré pour vous dans le Nouvel Obs du 11-17 février 2010)

Dimanche 20 juin 2010

LES EGLISES ROMANES : DE SUBTILES MACHINES A GUERIR ET TRANSFORMER (1ère PARTIE)

TOP ARTICLE : INTERÊT EXCEPTIONNEL !

Nous avons la technologie (Internet, machines à communiquer, se déplacer...) mais les bâtisseurs du Moyen Âge et d'avant avaient des savoirs d'un type que nous avons oublié, mis en lumière par des chercheurs comme Jacques BONVIN et Paul TRILLOUX.

Dans leur livre, *Eglise Romane, lieu d'énergie* (Dervy-1994), ils dévoilent ce que sont les églises romanes et exposent leurs secrets invisibles. Démonstration fascinante, dont ces passages résumés ne vous donneront qu'une pâle idée :

- but des églises : transmuter les données telluriques du lieu, l'énergie lourde de la matière, en information cosmique de façon à ouvrir le pélerin à des plans de conscience supérieurs ;

- église = bateau renversé flottant sur les eaux du ciel, ancré dans le sol, permettant d'atteindre l'au-delà intérieur (le ciel, la Jérusalem céleste) ; c'est la partie fixe, le stator, d'un moteur magnétique puisant son énergie dans la terre et le cosmos dont la partie mobile, le rotor, vient des croyants visitant les lieux (tournent dans le sens des aiguilles d'une montre) ; le clocher est une antenne formant tube de liaison entre les énergies du sol et du ciel ;

- les églises sont <u>construites par rapport aux réseaux géomagnétiques et aux rivières souterraines</u> ; leur emplacement, jamais choisi au hasard, dépend de relevés telluriques, cosmiques et de contraintes théologiques ; on les trouve souvent sur des sites mégalithiques : à Orcival un menhir déjà vénéré par les Arvernes a été retrouvé enchâssé dans un pilier !

- <u>l'orientation est face à l'est, au soleil levant</u>, comme dans tous les édifices antiques, et non au nord comme depuis l'invention de la boussole ; chaque égise à une orientation particulière par rapport à l'est pour tirer le meilleur parti des réseaux présents ;

- <u>les murs et les abords constituent un bouclier de protection énergétique</u> venu des celtes (triple enceinte druidique) ; les énergies tournent en sens inverse -tellurique/cosmique/tellurique-, ce qui créée un moteur magnétique polarisé par les pierres; lors des messes et cérémonies religieuses, l'énergie tellurique est transmutée par le célébrant en énergie christique ou cosmique ;

A l'intérieur :
- la partie droite est mâle (domaine du physique, du solaire et du conscient, place des hommes au Moyen Âge) et la partie gauche féminine (subtil, inconscient, invisible, place des femmes au Moyen Âge) ;

- 3 zones sont relevées : la partie basse de la nef, rectangulaire, correspond au monde physique, corporel et à la foi - CROIRE (les chapiteaux y délivrent un enseignement ; voir plus loin) ; la partie médiane, carrée, correspond au domaine de l'âme et de l'éveil -SAVOIR ; la partie haute, le choeur, est le cercle céleste, domaine de l'esprit et de l'union - CONNAÎTRE ;

- les rivières en sous-sol apportent aux édifices *l'information de l'eau*, *source de vie et moyen de régénérescence* et les divisent en une partie basse tellurique et une partie haute cosmique ; le visiteur est un pélerin qui franchit après le seuil un Jourdain invisible (fleuve du baptême de régénération) et s'élève peu à peu jusqu'au choeur, où se concentrent au niveau de l'autel l'ensemble des réseaux et énergies du lieu ;

- l'église est positionnée par rapport à la course du soleil et aux étoiles et tire parti de l'énergie de la lumière par ses ouvertures et ses vitraux ; la vie nait de la lumière, qui parcourt l'édifice et touche divers points à certaines dates (à Orcival, le pilier de l'Assomption est éclairé à midi au solstice d'hiver) ; à Chartres, le jour du solstice d'été 1975, devant des centaines de personnes, l'énergie solaire concentrée dans les vitraux de la cathédrale a fait perdre leur eau à des émeraudes et transformé des pierres précieuses ! (l'expérience est aujourd'hui impossible, les vitraux ayant été vernis par les "experts" des Monuments Historiques pour pouvoir être conservés !)

- les chapiteaux délivrent un enseignement sous forme de sulptures symboliques, et servent parfois de "portes énergétiques" ; à Notre-Dame-du-Port à Clermont-Ferrand, par exemple, des fleurs ouvertes et fermées alternent dans la nef pour indiquer une forme de "respiration énergétique" (fleurs en boutons = inspiration, fleurs ouvertes = expiration) ; cette alternance signale un chemin d'énergies qui s'ouvrent ou se ferment... dès que l'on récite 3 Ave (un par fleur) ou s'arrête au pied du pilier pour méditer sur la signification du chapiteau !

(Fin de la 1ère partie - Dans une 2ème, nous développerons la symbolique des chapiteaux en fournissant d'autres incroyables exemples)

Dimanche 8 août 2010

LES EGLISES ROMANES : DE SUBTILES MACHINES A GUERIR ET TRANSFORMER (2ème PARTIE)

Dimanche 8 août 2010

Dans la 1ère partie de cet article, nous avons vu avec Paul Trilloux et Jacques Bonvin que les églises romanes étaient encore aujourd'hui - pour certaines - des machines fonctionnant sur plusieurs niveaux : au plan physique, elles peuvent régénérer et renforcer, au plan spirituel, elles permettent d'avancer vers plus de conscience et de faire la rencontre d'énergies subtiles supérieures...

Les chapiteaux, notamment, sont le moyen privilégié utilisé par les moines bâtisseurs de ces églises, héritiers des druides celtes, pour délivrer leur enseignement. Ce second et dernier article cherche à en donner une nouvelle illustration :

–L'entrée et le bas de l'église sont chargés en énergie tellurique ; on y trouve souvent des monstres ou masques grimaçants émettant une vibration lourde (l'homme du Moyen Age la percevait dans son corps) : ce sont les gardiens du seuil ; parmi eux le dragon ne nous demande pas de tuer la bête en nous, mais nous invite à considérer notre animalité et à maintenir à distance nos préoccupations quotidiennes et matérielles avant d'entrer.

- Dans l'église de Thuret (Puy de Dome) les chapiteaux délivrent un enseignement suivi ; un des premiers montre un singe encordé par le cou qui ne peut se redresser : l'énergie tellurique dégagée à cet endroit par le pilier, symbolisée par la corde, le bloque au niveau du chakra de la gorge, empêchant l'énergie d'en haut de passer ; l'homme peut se recharger à l'énergie de la terre, mais pour se relever il doit aussi trouver l'énergie cosmique en ouvrant sa partie spirituelle. Autre message -plein d'humour : de l'anus du singe sort et se répand, en ronds concentriques (qui suggèrent le pelage) l'énergie lourde de la terre! Qui plus est, un Arum, plante purgative, pousse entre les jambes de l'animal : pour recevoir ce dont on a besoin, il faut se purger !

- L'atlante, l'acrobate, le jongleur de Thuret et d'autres églises romanes font contrepoint à ce singe ; l'atlante debout ou presque, les yeux ouverts, repousse la voûte de ses bras : il ne se laisse pas écraser par le poids de la vie et des passions, et nous montre comment nous relever, en conscience.

- Boeuf, cochon, sanglier sont aussi des animaux telluriques, souvent des représentaions symboliques du *druide* (l'église de Thuret repose sur un ancien lieu celtique.)

Autres significations de chapiteaux en remontant vers la partie haute de l'église, en précisant qu'après franchissement du *"Jourdain"* (voir 1ère partie), les énergies se réunissent :

- Sirènes: ces êtres marins ont besoin d'eau pour vivre ; elles indiquent un courant d'eau souterrain à leur emplacement ; des doubles queues de sirènes ou sirènes voisines entrecroisant leurs queues indiquent des croisements d'eau, et des entrelacs, de la même manière, un point de croisement d'énergies telluriques.

- Ange, homme ailé : souvent en relation avec le boeuf tellurique, il symbolise les énergies cosmiques et le passage des unes aux autres, que l'homme doit réaliser pour devenir l'homme debout, l'atlante (qui souvent, les yeux ouverts, regarde la lumière placé sur un chapiteau orienté plein sud.)

- Héron, échassier (à Thuret sur un chapiteau du choeur, au plus haut de l'église) : capable de voler, les pattes plantées dans l'argile des origines, il tient dans son bec le serpent de l'énergie tellurique (ou vouivre), qu'il maitrise en le tenant par la queue : symbole parfait de la fusion des forces opposées !

Enfin, quittons les chapiteaux pour nous intéresser au Christ en gloire, entouré d'une mandorle, ornant le linteau du portail sud de Thuret (et les façades des églises en général) ; dans sa main droite qui bénit il réunit les cinq énergies : telluriques avec l'auriculaire et l'annulaire pointés vers le bas, cosmiques avec les 3 autres doigts levés ; au centre de sa poitrine, un trou indique le chakra du plexus solaire, ouvert ; à sa gauche et à sa droite lesarchanges Michel et Gabriel maintiennent sa mandorle :

Michel, à gauche, a les yeux fermés : il est celui qui maîtrise l'énergie tellurique du dragon, descendu dans la matière chasser l'homme du Jardin d'Eden ; à droite, Gabriel, les yeux ouverts, est le passeur de l'énergie divine, annonciateur de la Révélation à Marie et transmetteur de la parole de Dieu (Allah) dans le Coran...

Dimanche 19 septembre 2010

LORD DOWDING RENCONTRE SA 2ème FEMME... PAR L'INTERMEDIAIRE DE L'AU-DELà !

Voici une magnifique double histoire d'amour.

Le Maréchal de l'Air Hugh Dowding est le héros méconnu qui remporta la Bataille d'Angleterre (juillet à novembre 1940), c'est à dire empêcha les troupes nazies, après la conquête de la France, de la Belgique, de la Hollande et de la Pologne, d'envahir à son tour la Grande Bretagne (opération *Otarie*, qu'Hitler était en train de réussir.)

Il est déjà à la retraite lorsqu'en 1944, Muriel Whiting, une femme dont le mari pilote de la RAF, Max, a été tué au dessus de l'Europe de l'Est, lui écrit pour des précisions sur ce décès et contacte un médium, l'armée gardant le silence.
Dans sa réponse, Lord Dowding l'invite à déjeuner pour lui parler du cas de Max, elle accepte et ils ont le coup de foudre ! (mariage en 1951.)

Un peu plus tard, elle demande à Dowding (un grand timide) pourquoi il l'a invitée à déjeuner, plutôt que de lui envoyer une lettre ; il explique alors qu'à la réception de son courrier, il est allé voir un médium et que Max lui a dit, par l'intermédiaire de cet homme : "Emmenez ma femme déjeuner, vous l'aimerez."

Etonnant, n'est-ce pas?
(NB : la 1ère femme de Dowding fut emportée jeune par une maladie en 1920 et, très marqué, il commença à s'intéresser au paranormal ; lorsqu'il menait la Bataille d'Angleterre et s'effondrait de fatigue sur son bureau, il recevait souvent en esprit la visite de jeunes pilotes tués pendant la journée, avec lesquels il tenait des conversations ; *dans Lychgate*, un de ses livres, il les décrit comme *se déplaçant en volant et nimbés d'un halo de lumière...*)

Dimanche 15 mai 2011

LES GLADIATEURS ETAIENT VEGETARIENS !

Ils étaient grands, forts, costauds et, pour survivre, devaient se battre dans l'arène contre des fauves ou d'autres hommes sauvages...

Entre les spectacles et entraînements, on les imagine se goinfrant de steaks et sangliers entiers rôtis, un peu à la manière d'Obélix le Gaulois !

En réalité ils s'abstenaient de viande, et se nourrissaient de légumes (fèves, millet, haricots...), d'amandes et de fruits secs (raisins, abricots...)

Ce régime, en effet, enveloppait leur corps d'une couche de graisse qui constituait une protection contre les blessures par arme blanche : le lard blindait leur peau et ralentissait l'écoulement du sang.

Alors, toujours aussi fous, ces Romains?

Mercredi 3 août 2011

LE TEMPLE D'ANGKOR CORRESPOND AU PLAN D'UNE CONSTELLATION

On sait maintenant que les 3 pyramides de Gizeh, près du Caire, dessinent au sol la projection des 3 étoiles du baudrier d'Orion en... 10500 avant Jésus Christ.

e Sphinx reflète quant à lui la constellation du Lion et le Nil correspond à la Voie Lactée.

Savez-vous que grâce à des programmes et études informatiques, on a découvert également que l'immense temple d'Angkor Vat, au Cambodge, a été érigé selon un motif copiant celui de la constellation du Dragon ?

Mardi 1 novembre 2011

LE SECRET DE LA CONSTRUCTION DES PYRAMIDES ENFIN Percé !

Des générations d'Egyptologues se sont cassés les dents sur ce mystère. Officiellement, les pierres ont été amenées par bateau, puis acheminées sur des trains de rondins au pied du site, taillées sur place, enfin hissées sur de grandes rampes de terre.

Pourtant Joseph Davidovitz, un chimiste français, a émis cette autre hypothèse dès 1974 ; les pierres utilisées ne sont pas naturelles, elles ont été coulées sur site au fur et à mesure de l'avancement des travaux, un peu comme notre béton ou notre ciment d'aujourd'hui.

Il s'agirait d'une sorte de calcaire reconstitué, issu d'une mixture à base de liant et de chaux broyée versée dans des moules en bois et durcie à l'air.

Des analyses effectuées, malheureusement partielles car les autorités égyptiennes refusent la mise à disposition d'échantillons, la composition des blocs des pyramides serait effectivement différente de celle du calcaire naturel !

Jeudi 7 juin 2007

DE LA LUMIERE DANS LES TOMBEAUX ANTIQUES !

Grâce aux petites lampes à huile retrouvées sur place, on sait que les peuples de l'antiquité - Egyptiens, Grecs, Romains... - avaient l'habitude d'éclairer l'intérieur de leurs tombeaux.

On sait moins que des lumières brûlaient encore lorsque des archéologues entrèrent dans des sépulcres clos depuis des siècles. En visitant un temple en Egypte, Saint Augustin (354-430) fit une découverte semblable :" En l'honneur d'Isis brillait un feu qui ne pouvait être éteint ni par le vent ni par l'eau."

Vers 1549, sous le pape Paul III, au moment de l'ouverture d'un tombeau sur la voie Appienne, s'éteignit une lumière qui veillait le corps intact d'une jeune fille ! (on pense à la fille de Cicéron - 44 avant JC.)

L'électricité, certaines sources de radioactivité, l'emploi du plasma froid (chargé par batteries à sec et enfermé dans du verre, ce qui produit une luminosité faible pendant une durée considérable) étaient-ils déjà connus dans l'Antiquité ? Une question que se posent les archéologues.

Mercredi 11 janvier 2012

LES 7 NAINS DE BLANCHE NEIGE PORTENT LES NOMS DE 7 DEMONS SCANDINAVES !

Les noms des sept nains du célèbre film de Walt Disney - Grincheux, Prof, Dormeur, Simplet, Atchoum, Timide et Joyeux - ne sont pas de simples inventions ; ils correspondent exactement à ceux des 7 démons ou esprits de la terre de la tradition scandinave : Toki, Skavaerr, Varr, Dun, Orinn, Grerr et Radsvid.

Encore une preuve que les contes et leurs auteurs (ici les frères Grimm) véhiculent autre chose que des "histoires pour enfants."

Il existe un savoir secret, gardé par des sociétés toujours présentes et agissantes, dont les membres évoluent discrètement au sein de notre chouette civilisation matérielle et scientifique...

Mardi 21 août 2012

L'ACTION CACHéE DES ANGLAIS, UNE DES CAUSES DE LA REVOLUTION

FRANçAISE

Le saviez-vous ?

Les Anglais, en particulier William Pitt, ne pardonnaient pas à la France le soutien de Louis XVI et Lafayette à l'insurrection des colonies anglaises d'Amérique.

En conséquence, ils menèrent dès avant 1789 une action souterraine vigoureuse en France pour favoriser le désordre en payant des agents secrets et des agitateurs professionnels (vote de 25 millions de livres de fonds secrets par le Parlement britannique à Pitt.)

L'Autriche, la Prusse et d'autres pays se joignirent aux Anglais.

(cité par Serge Hutin dans *Gouvernants invisibles et sociétés secrètes*)

Samedi 3 mars 2012

MOMIES ET OBJETS FUNERAIRES ANTIQUES : DES "PROCéDéS" DE REINCARNATION !

Le document dans lequel j'ai trouvé l'explication suivante est désormais disponible partout en librairie (édition poche) : il a pour sujet les sociétés secrètes et leur histoire ; les temps sont sans doute venus de certaines 'révélations"...

On sait que les bâtisseurs des grands mausolées antiques (pyramides égyptiennes, tombeaux des empereurs de Chine...) avaient coutume de déposer auprès des corps de leurs souverains - eux-mêmes momifiés - toutes sortes d'objets servant aux vivants dans la vie courante : chaises, lits, ustensiles, nourriture, garde-robe, mais également chiens, chevaux, soldats de terre cuite équipés de pied en cap, voire des parents proches, des concubines...

Peut-on sérieusement penser que des civilisations capables de bâtir des monuments d'une telle science et complexité, d'élaborer des objets d'art aussi riches, croyaient simplement que leurs souverains décédés ou les esprits de ceux-ci allaient *continuer à utiliser ces objets après leur mort* ? Cela ne tient pas debout. La solution à cette énigme est à chercher dans une direction moins absurde et plus subtile.

Selon certain savoir ésotérique, les Anciens croyaient qu'après la mort, l'esprit humain voyageait à travers les "sphères célestes" avant de revenir dans un nouveau corps, réincarné : dans cette optique, la momification et la disposition d'objets de la vie terrestre près de la dépouille exerçaient une sorte d'attraction magnétique sur l'esprit, afin qu'il se réincarne plus rapidement ; la préservation du corps momifié servait elle-même de *point d'ancrage* pour faciliter le retour sur terre de l'esprit. Les objets funéraires, en rappelant au défunt les plaisirs du monde matériel et des sens, jouaient le même rôle.

Les tombeaux et procédés funéraires antiques, en conséquence, n'étaient rien d'autre que de fantastiques MACHINES ET TECHNIQUES DE REINCARNATION.

Dimanche 20 mai 2012

LE SECRET DE LA JOCONDE ENFIN PERCé ?

Le documentaire diffusé sur la chaîne ARTE le 5 mars dernier a peut-être fourni l'explication du mystère de La Joconde.

L'énigmatique dame en noir peinte par Léonard de Vinci vers 1503 ne serait finalement ni l'épouse d'un gros négociant en soie de Florence (Francesco del Giocondo), ni une fille ou une maîtresse de Julien de Médicis (elle ne porte d'ailleurs aucun bijou.)

L'explication est beaucoup plus belle que toutes les hypothèses plus ou moins farfelues auxquelles nous étions habitués.

Ce portrait aurait été peint pour un orphelin (Hipolito, devenu évêque à 23 ans) n'ayant pas connu sa mère dans le but de le réconforter ; il représenterait une mère, et en particulier celle, imaginée ou idéalisée, du jeune Hipolito.

Observons en effet la Joconde : regard paisible et assuré, douceur du sourire, bras maternels croisés sous la poitrine...

Une hypothèse sans doute assez proche de la réalité.

Dimanche 24 juin 2012

MALCOM DE CHAZAL, OVNI LITTERAIRE ET E.T. DE LA PENSEE

Encore quelqu'un d'incroyable mais vrai : le singulier Malcom de Chazal.

Né en 1902 et mort en 1981, ce ressortissant anglais aux racines françaises, ingénieur sucrier de l'île Maurice, a écrit des choses d'une extrême originalité et profondeur sur nous-même et ce monde étrange qui nous entoure, que nous croyons si bien connaître : phénomènes de la nature, animaux, objets, couleurs, corps, émotions, gestes...

Son oeuvre compte essentiellement des recueils de pensées courtes ou d'une ou deux pages.

Elles sont tout bonnement extraordinaires, comme venues de l'au-delà...

Jugez-en par ces exemples tirés de *Sens-plastique*, un de ses principaux livres :

Tout objet est un micro-poste radio-télégraphique, émettant des ondes variables selon les facettes de ses formes.

Les femmes font leur plein psychique dans le sourire, et évacuent dans le rire. Le rire est chez elles le tuyau de décharge des nerfs, et le sourire en est le remontoir.

Les peureux ont une démarche d'aiguille, comme pour coudre et refermer le regard qui les fixe.

La volupté fait de la moelle épinière un seul doigt, comme pour toucher et caresser le cerveau du dedans.

Les femmes veulent être aimées de chair en esprit, et en esprit dans la chair. Comme les lèvres "entrent" dans la tasse et la tasse dans la bouche, les femmes exigent que nous mettions du coeur dans nos sens et que nous ayons un coeur sensuel.

La bouderie en amour est un veuvage à deux.

Le rire est le meilleur désinfectant du foie (...)

Le regard est le plus long râteau.

La vague est la plus féminine des danseuses, et l'air est le valseur le plus mâle. La vague qui danse est totalement et suprêmement "hhanches" et le vent est "totals enlacements".

Nous pouvons voir deux objets en même temps, mais non deux visages à la fois, car le visage humain est un "tout", et tout objet quel qu'il soit n'est jamais plus qu'une parcelle d'un plus grand ensemble. Seul le visage humain prend tout *notre regard.*

Vendredi 19 octobre 2012

LES COULEURS DE L'EQUIPE ALLEMANDE DE FOOT SONT CELLES DES CHEVALIERS TEUTONIQUES (ET DE LA VILLE DE METZ)

Véridique !

La *Manschaft* arbore un maillot noir et blanc, les couleurs du drapeau prussien.

Or, ce drapeau reprenait dès le XVème siècle les couleurs de l'ordre des chevaliers teutoniques, afin de s'inscrire dans sa tradition de civilisation des terres baltes !

Il y a là une certaine continuité historique, non ?

Mais, au fait, ma bonne ville de Metz a elle aussi un blason noir et blanc : vous voyez un rapport ?...

Samedi 26 octobre 2013

RENCONTRE AVEC MON ANGE GARDIEN (TÉMOIGNAGE)

Après avoir hésité, je me suis décidé à livrer ce témoignage, qui me coûte car je n'aime pas parler de ma vie personnelle. Mais le message d'espoir délivré pourra aider certains.

Depuis quinze jours, j'ai attrapé un mauvais virus et suis mal fichu. De plus, je suis sous tension au travail, où je me coltine depuis un mois un dossier sensible et compliqué...

Vers 3 heures du matin le samedi 26 octobre, pour la nième fois de la semaine, je me réveille et, ne parvenant pas à me rendormir, dans un état semi-comateux, je me mets à gamberger sur mon (soit-disant) Ange gardien, cet esprit censé m'accompagner et me protèger... Je commence à en avoir assez de ces réveils à répétition, de cette fatigue au réveil, de cette toux qui ne veut pas me lâcher de la journée : s'il existe, qu'attend donc ce super "garde du corps et âme" pour venir à ma rescousse, me délivrer de cette saleté de virus ?...

Dans une sorte de prière qui est aussi un cri de colère, je le mets au défi d'intervenir :" Puisque tu ne fais rien, c'est que tu n'existes pas !... Et si tu existes, aide-moi au moins à me rendormir ; donne-moi une petite preuve de ton action, un signe de ta présence, laisse-moi un message, un truc quelconque !... Help ! j'en ai marre ! "

A la suite de cette tirade, je m'adoucis et, un moment après, me voici plongé dans le sommeil.

Je fais un rêve.

Je suis dans un lieu qui ne m'est pas inconnu : une sorte de hall semi-souterrain avec des piliers de brique rougeâtre précédant une vaste salle aux portes fermées (salle de quoi au juste ? de spectacle ? de cinéma ? de prière ? aucune idée..)

Des gens arrivent, dont une sorte de roi mage ou de guerrier en tunique bleu nuit. La scène s'élargit ensuite vers l'extérieur, et, dans une sorte de demi-jour, jouée par des orchestres invisibles, une musique sublime et magnique s'élève, retentit.

Ma gorge gonfle et se serre, une digue cède en moi ; les mains pressées sur les yeux, cachant mon visage, je pleure, je laisse couler toutes les larmes de mon corps...
Puis j'aperçois une forme à ma gauche, tournée vers moi de trois-quarts, penchée : des épaules, une tête et une chevelure gris clair, translucides comme de l'eau liquide...
Je pleure de plus belle, de joie cette fois !

Il y a aussi un petit groupe de présences sautillantes à ma droite, indéfinissables, comme de petites âmes qui vous feraient fête...

Je me réveille, remercie Celui Qui Est Venu, me repasse toute la séquence depuis le début pour la graver dans ma mémoire, et me rendors.
Ce dimanche soir 27 octobre, je tousse encore un peu, mais dors et vais beaucoup mieux.

IV / ARTICLES

O.V.N.I.S

Jeudi 3 mai 2012

VIE EXTRATERRESTRE : UNE CITATION DE CARL SAGAN

"Quelque part quelque chose d'incroyable attend d'être connu"

Carl Sagan, Physicien et scientifique de haut niveau

Jeudi 24 janvier 2008

OVNIS : LE CNES-GEIPAN A OUVERT SES ARCHIVES/UN CAS NON EXPLIQUE

Jeudi 24 janvier 2008
France Info a consacré ce matin un reportage à l'ouverture sur internet des archives du Groupe d'Etude et d'Informations sur les Phénomènes Aérospatiaux Non identfiés (GEIPAN - CNES www.cnes-geipan.fr)
Sur les milliers de cas d'apparition d'OVNIS recensés depuis 30 ans, 350 ont échappé à toute tentative rationnelle d'explication.
En voici un :

Le témoin, un pilote de ligne, effectuait un vol entre Nice et Londres en 1994, lorsque, survolant Paris, il aperçut avec son équipage un disque de 300 mètres de diamètre suspendu au dessus des lumières de la capitale.
Ce disque géant émettait une intense lumière rouge oranger et, lorsque l'avion voulut s'en rapprocher, devint entièrement transparent avant de s'évanouir d'un coup.
Le pilote a déclaré avoir été très impressionné.

Des signes divers se multiplient (phénomène des "crop-circles"), des menaces nouvelles mettent en danger la planète, des évènements cosmiques se préparent peut-être (calendrier Maya 2012), nous avons tant de mal à nous comprendre et à nous aider les uns les autres... ET SI, comme c'est loin d'être improbable, NOUS N'ETIONS PAS AUSSI SEULS QUE NOUS LE CROYONS ?...
http://natureetgeobiologie.com/message-extraterrestre.pdf

Jeudi 18 novembre 2010

UN OVNI D'1,5 KM AU DESSUS DE PHOENIX ARIZONA ! (LE 13 MARS 1997)

Il s'agit de d'une des plus célèbres observations d'ovni faite aux USA, le soir et la nuit du 13 mars 1997.

Plus de 10000 personnes auraient assisté à cet impressionnant phénomène (10% de la population globale de l'Arizona selon le journaliste Richard Ruelas.) Des pilotes et contrôleurs aériens parmi les quidams.

Mais laissons la parole au gouverneur républicain de l'Arizona de l'époque, Fife Symington, qui fit le 9 novembre 2007 la *confession* suivante à la chaîne CNN, après avoir commencé par nier l'apparition lors d'une conférence de presse truquée organisée le 19 juin 1997, dans le but de dégongler l'affaire en ridiculisant les témoins :

"Durant mon second mandat en tant que Gouverneur de l'Arizona, j'ai aperçu quelque chose qui défie toute logique et qui a bouleversé mon sens de la réalité. J'ai vu un engin massif, en forme d'aile delta, qui naviguait silencieusement au dessus de Squaw Peak... Il était incroyablement vaste, aux contours très distincts, pourvu d'énormes lumières et il traversait le ciel de l'Arizona. En tant que pilote et ancien officier de l'armée de l'air, je peux affirmer que ce vaisseau ne ressemble à aucun objet volant construit par la main de l'homme. Ce que j'ai vu n'était pas, j'en suis certain, des fusées de haute altitude (ou "flares") car les fusées ne volent pas en formation!"

Un peu plus tard, pour la chaîne CNN Arizona, il persiste et signe :
" Vous auriez été étonné, vous auriez été fasciné (...) Les lumières étaient vraiment brillantes, c'était incroyable, c'était énorme, on sentait que c'était d'un autre monde. Dans les tripes, on le sentait, on pouvait dire que c'était d'un autre monde. Puis après

une pause : "A moins que le département de la Défense ne nous prouve le contraire, je suppose que c'était un engin extraterrestre."

Autres précisions recueillies : un objet colossal, en forme de V ou de boomerang, bas, lent, totalement silencieux, "au corps parcouru de vagues", "comme vu à travers de l'eau ou possédant sur sa structure une fine pellicule d'eau mouvante". "Ses lumières étaient si vastes... plus étendues que les lumières de la ville."

Des films amateurs de bonne qualité ont été réalisés, à partir desquels des spécialistes du traitement des images ont estimé la taille du fabuleux engin à environ 1,5 km, d'une extrémité à l'autre !

Vendredi 2 mai 2008

ECOLOGIE, CERCLES DANS LES BLES ET PETITS HOMMES VERTS...

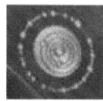

ECOLOGIE ET OVNIS

Fabrice BONVIN a développé une des thèses actuelles les plus séduisantes pour expliquer le phénomène OVNI. La voici résumée.

–Le dérèglement climatique s'accélère dangereusement. L'activité humaine entraîne la destruction des écosystèmes (forêts, sols, eau douce), des espèces et l'épuisement des ressources. De 1975 à 2001 les catastrophes climatiques ont augmenté de 160 %.

–Selon le Pentagone, une catastrophe globale faisant des millions de victimes pourrait survenir. Des capitales européennes seraient submergées, un climat sibérien toucherait le Royaume Uni et l'arme nucléaire serait utilisée par des Etats pour protéger eau potable, vivres et ressources (rapport secret publié le 22/02/2004 dans *The Observer* : *Pentagon Tells Bush : Climate Change will destroy us. U.S. secret report warns of rioting and nuclear war.*)

–La Révolution Industrielle, en polluant l'environnement et raréfiant les espaces verts, s'est attaquée aux principes de la vie à l'état brut, symbolisés autrefois par les " esprits gardiens de la nature " des traditions universelles (nains, dryades, deva...) Des manifestations plus conformes à la nouvelle ère industrielle et technique ont pris leur place, des *dirigeables fantômes* de 1897 (4000 apparitions aux USA) aux soucoupes volantes et vaisseaux spatiaux.

- Une intelligence prenant une forme adaptée aux époques et mentalités successives semble à l'origine de ces phénomènes : Airships de 1897, aéroplanes fantômes-en 1934, fusées rappelant les V1 et V2 en 1946, soucoupes en 1947, cigares volants en 1950, vaisseaux spatiaux…

–De 1947 à 1952 de nombreux *OVNIS* ont été observés près des plus importantes installations militaires des USA (Los Alamos…), de 1950 à 2001 autour de sites nucléaires, bases majeures, ou durant des essais atomiques. Lors des survols, les paramètres de contrôle des missiles étaient souvent modifiés ou les silos stockant les ogives touchés par des rayons lumineux (à noter que de1949 à 1952, en 3 ans, les autorités américaines et le Pentagone passent de la négation de l'hypothèse extraterrestre à sa promotion systématique dans l'opinion : les responsables des dégâts c'est eux, pas nous !)-

Conclusion : les ovnis n'aiment pas le nucléaire (ni la guerre : cf. *foo-fighters* de la 2ème Guerre Mondiale). les OVNIS mettent l'accent sur la menace nucléaire et incitent à une prise de conscience du risque écologique.

Selon Ed Bullard, sociologue, les E.T. traitent les bovins qu'ils mutilent comme nous traitons la Terre : la vache qui donne son lait et sa viande, c'est la terre mère nourricière ! Autre exemple : les configurations circulaires ou géométriques des *crop circles* apparaissent et s'inscrivent dans les céréales ; le blé qui meurt pour renaître est le symbole même de la fertilité et de la vie…Les mystères peuvent s'expliquer.
Selon l'hypothèse Gaïa formulée par le biologiste James Lovelock dès 1972, la Terre est un organisme vivant autorégulé, contrôlant les cycles géochimiques de la planète, manipulant atmosphère, océans et croûte terrestre pour assurer sa survie.

Notre planète posséderait comme nous un système nerveux, une conscience globale.

OVNIS et crop circles viennent-ils de l'espace, ou sont-ils des messagers envoyés par elle pour nous faire réagir ?

CONSULTER :

http://cerclesdanslanuit.free.fr (articles sur Hesse - SOS ; liens avec centrale nucléaire de Cattenom...)

www.forums.futura-sciences.com (les Verts ont la tête dans les OVNIS)

www.cnes-geipan.fr (Archives OVNIS du CNES GEIPAN : nombreux cas inexpliqués)

www.extraterrestre.org/conference.ppt

Samedi 16 octobre 2010

EXTRATERRESTRES : DES PRESIDENTS DES USA LES ONT VUS!

Plusieurs présidents des USA auraient été témoins de démonstrations rapprochées d'OVNIS et rencontré des E.T. : Washington, Lincoln, Roosevelt en 1934, Truman le 4 juillet 1945, et Eisenhower, dont il est ici question.

Il se pourrait également que ces rencontres avec des êtres d'autres planètes, temps ou dimensions soient une des causes de l'assassinat de Kennedy : il savait des choses et voulait faire des révélations au grand public (sur les OVNIS accidentés récupérés, comme à Rosswell, et les projets secrets portant sur l'étude des survivants...)

Voici -parmi d'autres- quelques extraits d'un livre documenté disponible sur Internet : *"Les sociétés secrètes et leur pouvoir au 20ème siècle-Commission trilatérale, Bilderberger, CFR, ONU"*, de Jan Van Helsing (en réalité Jan Udo Holey, un Allemand.) C'est dans le chapitre "L'attentat contre Kennedy". A vous de vous faire une opinion :

"Le 20/02/1954 fut le jour J. Cet évènement est confirmé par des prises de vue cinématographiques et de nombreux témoins (...) qui étaient stationnés, à cet époque-là, à MUROC/Edwards.

Ce jour-là tous les officiers, y compris le commandant, accoururent à la tour de contrôle pour y observer un grand disque de 60 à 100 m de diamètre qui planait au-dessus de la piste, faisant des manoeuvres en vol défiant toutes les règles de la physique. ils l'observèrent pendant des heures (…)

Un peu plus tard il y eu, au total, 5 objets volants, 3 en forme de disque et 2 en forme de cigare. Eisenhower arriva en avion à la base, il faisait, à ce moment-là, une cure à côté de Palm Springs. Lui-même ainsi que tout le personnel de la base furent témoins de la descente d'un petit groupe d'occupants qui s'approchèrent d'eux. Ils avaient un aspect humanoïde, leur taille était à peu près la nôtre, ils étaient blonds et parlaient anglais Ils proposèrent leur aide pour le développement spirituel de l'humanité à condition, dirent-ils, que nous acceptions de détruire nos armes atomiques (…)

Cette race expliqua que nous étions sur une voie d'autodestruction, que nous devions cesser de nous combattre, de polluer la terre, d'en exploiter les richesses minières (...) Nous ne pouvions entrer en contact avec eux que si nous commencions à nous conduire comme citoyens d'un système planétaire (...) Dès que nous aurions appris à avoir des rapports de paix avec les autres nations nous pourrrions accéder à des rapports interplanétaires."

(Sceptiques et craignant de se retrouver sans défense face aux extraterrestres, les personnes présentes refusent l'offre. Après avoir déclaré que, dans ces conditions, ils ne limiteraient le contact qu'à des individus, les étrangers font à Eisenhower -paralysé et qui éprouve même un malaise- une démonstration de leurs stupéfiantes capacités techniques, dont celle de se rendre invisibles avec leurs vaisseaux. Puis ils repartent.)

Dimanche 27 mars 2011

FOO-FIGHTERS DE LA 2ème GUERRE MONDIALE : UNE EXPLICATION ?

Les Foo-fighters étaient des boules volantes lumineuses qui accompagnaient les avions militaires pendant leurs missions lors de la 2ème guerre mondiale, d'environ 2m de diamètre, ces objets émettaient un fort halo lumineux et suivaient tous les mouvements des appareils comme s'ils y étaient attachés. Un vétéran de la WW2, Frédéric Sargent, a peut-être trouvé une explication dans un livre uniquement consacré à des observations de foo-fighters qui vient de paraître.

Les Foo-fighters se manifestaient souvent de nuit au dessus de la vallée du Rhin, de novembre 1944 à avril 1945, et leurs observations cessèrent lorsque cette région fut occupée par les alliés, selon la plupart des témoignages ces objets, d'une couleur rougeâtre, volaient à une altitude moyenne de 600m à environ 360km/h.

La déclassification d'archives ramenées d'Allemagne après la guerre, ainsi que des révélations faites par des ingénieurs ou techniciens ayant travaillé pour les Allemands (l'Italien Renato Vesco affecté dans les installations secrètes de Fiat du lac de Garde, par exemple) montrent que le Reich avait développé de nouveaux types d'armes, parmi elles, des "bombes fantômes" (Phoo bombs) lancées depuis des aéroports locaux et radiocommandes.

Les "Feuerball" (boules de feu) étaient d'autres engins destinés à s'approcher des escadrilles de bombardiers de nuit US équipés de radar pour neutraliser leurs instruments de bord au moyen de fortes interférences radio.

Propulsés par un turbojet émettant des flammes s'échappant d'une tuyère circulaire, ces engins étaient radioguidés depuis le sol jusqu'aux avions ennemis et, comme les missiles actuels "s'accrochaient" à la chaleur dégagée par leurs moteurs grâce à un système d'infrarouge, le halo provoqué par la tuyère ionisait l'atmosphère autour d'eux, cachant leur structure et contribuant à brouiller les radars et instruments des avions alliés.

Les Feurball volaient à pleine vitesse pour rejoindre les appareils ennemis et ralentissaient pour rester à leur hauteur, à une distance suffisante pour se caler sur leur émission de chaleur (30m en moyenne.)
Certaines de ces armes auraient été exportées au Japon et dans le Pacifique à la fin de la guerre, où des témoignages de pilotes japonais et américains font également état de Foo-fighters.

Dimanche 27 février 2011

JACQUES ATTALI SONDé SUR LES OVNIS

Lundi dernier 21 février, j'ai adressé ce mail à Jacques Attali pour lui demander, bien respectueusement et espérant éveiller son intérêt, s'il accepterait de s'exprimer (dans un futur livre ?) sur l'existence des OVNIS. Répondra t-il ? Sous quelle forme ? Affaire à suivre...

" Bonjour Monsieur,
J'ai lu avec beaucoup d'intérêt quelques uns de vos livres dont "Une brève histoire de l'avenir", que je suis en train de terminer.
Votre intérêt pour la prospective m'amène à vous demander s'il ne vous serait pas possible de vous exprimer prochainement sur un sujet laissé de côté par les médias mais pour lequel des informations de plus en plus précises et crédibles se répandent aujourd'hui dans le grand public : celui des Ovnis et de la réalité extraterrestre.

Il s'agit d'une des plus grandes questions qui intéresse l'humanité ; nous sommes aujourd'hui des millions à souhaiter voir plus clair dans ce dossier et considérer qu'il est possible de le faire grâce à la multiplication des informations disponibles : Internet, témoignages ou déclarations de ministres, hauts responsables et chefs d'Etat, diffusion d'archives nationales, renseignements top secrets qui filtrent, livres de vulgarisation, magazines sérieux d'un nouveau type disponibles en kiosque ("*Nexus*"), etc.

Il serait non seulement passionnant mais peut-être aussi salutaire pour une multitude d'esprits "inquiets" d'avoir votre éclairage (plus?) sur ce sujet appelé à devenir bientôt incontournable.

Je vous prie d'agréer, Monsieur, l'expression de mon plus grand respect et de mon admiration la plus haute.
Ma signature "

Jeudi 3 mars 2011

OVNIS : réponse de Jacques ATTALI

La semaine dernière, j'ai demandé par mail à Jacques ATTALI, un de nos grands intellectuels, conseiller de ministres et hommes d'Etat (François Mitterrand, Nicolas Sarkozy...), s'il accepterait de s'exprimer sur une des plus importantes questions qui intéressent l'humanité : la réalité des Ovnis ; sommes nous seuls dans l'univers ? (voir mon précédent article).

Sa réponse date du lundi 28 février, la voici :

" Je vais étudier le sujet. Merci "

Site : http://www.attali.com

C'est bref mais sans appel : les OVNIS sont une vraie question, quelqu'un de l'envergure de Jacques ATTALI est prêt à l'étudier !

Samedi 29 octobre 2011

CE QUE SONT LES OVNIS: HYPOTHÈSE RÉCENTE

Les "ovnis", selon des recherches récentes (Fabrice Bonvin), se manifestent à l'homme à travers les âges sous des formes et apparences adaptées à leur niveau d'évolution intellectuel et technique : le *mimétisme ovni*. Exemples :

—barques et nefs volantes au moyen-âge

—vagues des "dirigeables fantômes" (USA années 1890) puis des "aéroplanes fantômes" (années 1920 en Suède) : ces machines vues par des milliers de témoins possèdent des détails absurdes et caractéristiques de vol anachroniques, comme si elles étaient des sortes de mauvaises imitations.

—ovnis "fusées" après les V1 et les V2 nazis

- soucoupes et vaisseaux spatiaux vers et après 1950

Pour d'autres spécialistes et auteurs, dryades et sirènes de l'antiquité, fées et et lutins du moyen-âge sont à rattacher à ce phénomène.

Ce que voient nos yeux semble donc fait à leur intention. Les intelligences cachées derrière ces apparitions peuvent envoyer vers nous à leur place des "robots bioniques" (*petits gris*, grands blonds, hommes verts...) d'apparence humaine, des machines ressemblant aux nôtres.

Si l'on se rappelle les techniques de chasse permettant d'approcher les animaux en prenant leur apparence, de les observer et de les étudier sans les affoler, est-ce une hypothèse délirante ?

Samedi 6 août 2011

Deuxième prix du concours NEXUS été 2011

Ce discours a obtenu l'un des deux prix du jeu-concours lancé par le magazine *Nexus* dans son n°74 (mai-juin 2011.) Le sujet était : « *Imaginez : vous êtes représentant de l'autorité publique et devez annoncer officiellement à l'humanité le premier contact avec des visiteurs extraterrestres.* » J'ai gagné les félicitations du rédacteur en chef et un abonnement de deux ans au magazine (résultats dans le n°75 de juillet-août) mais, par manque de place, une publication n'a pas été prévue : heureusement, il existe plus d'un moyen de rattrapage !... Bonne lecture à tous et toutes.

Olivier GABRIEL

« Madame,
Monsieur,
Chers Compatriotes,
Citoyens des cinq continents de la planète Terre,

Bien que Président des USA – un Etat parmi beaucoup d'autres-, je m'adresse aux citoyens de tous les Etats aujourd'hui. C'est la première fois dans l'Histoire, parce que cette journée marque une frontière, un tournant inégalé dans l'histoire de l'humanité, son entrée dans une nouvelle *dimension*.

Aujourd'hui est un jour jamais vu. La Terre n'est plus divisée en Etats, en blocs ou en Nations : elle ne forme plus qu'un seul et même super Pays.

Quelque chose de prodigieux s'est produit, de difficile à croire, un peu comme l'apparition d'une deuxième lune dans notre ciel, et je suis venu vous en parler.

Il y a eu un *avant*, mais avec ce discours commence *un après* : la fin d'*un* monde : celui, connu, balisé, rassurant que nous habitions hier encore. Désormais, pour chacune et chacun d'entre nous, les repères familiers vont bouger, le décor auquel nos yeux et surtout notre esprit étaient habitués va changer, s'élargir, s'approfondir...

Rien à voir, donc, avec la fin du monde annoncée par le calendrier Maya - dont on vous a beaucoup parlé ces derniers temps - et son cortège de destructions massives, de cataclysmes, d'horreurs... Il s'agit bien pourtant de la fin d'un monde. Une aventure nouvelle commence.

L'histoire de l'homme, vous le savez, n'a cessé d'être jalonnée de découvertes de terres inconnues, de rencontres de peuples nouveaux. L'histoire de l'homme, en fin de compte, c'est cette succession régulière, quasi permanente, de *contacts* et de découvertes.

Elle ne s'arrête pas avec l'évènement que vous annonce aujourd'hui, mais monte d'un cran, amorce un virage dans une nouvelle direction : celle des *étoiles*. Nous allons maintenant regarder *ailleurs*.

Attention, aucune comète arrivant du fond de l'espace ne menace la vie sur la terre, des ras de marée géants ne vont pas engloutir les continents. Je ne suis pas venu annoncer l'apocalypse. Du moins pas cette apocalypse-là... Apocalypse, je le rappelle, est un mot grec dont le sens premier est «dévoilement», «révélation», ou encore « divulgation », comme nous disons aujourd'hui. L'apocalypse dont je vous parle constitue une révélation, au sens de ce terme grec mal connu. *Quelque chose* est venu vers nous depuis l'espace.

Jusqu'à maintenant, cette *chose* était à peine mentionnée dans les journaux, les bulletins d'information télévisés, les articles et les livres sérieux. Malgré des observations parfois très anciennes, remontant à l'antiquité et au Moyen-âge, malgré les témoignages de nombreuses personnes, de policiers, de pilotes de ligne, de marins, et même d'astronomes, on évitait d'en parler, de peur de passer pour un «dérangé» ou de voir sa carrière brutalement interrompue. Ces « rêveries et élucubrations » étaient réservées aux films de série b et aux romans de science-fiction, aux artistes de seconde zone et à leur public de prédilection : les adolescents.

Certes, depuis une douzaine d'années, la situation avait commencé à évoluer. Il y a eu Internet, les nouvelles technologies de l'information et de la communication, le secret devenait plus difficile à garder... Les archives classifiées de nombreux grands pays ont été mises en ligne, le jésuite José Funès, directeur de l'observatoire du Vatican, a déclaré en 2009 que l'existence d'autres mondes propices à la vie, d'autres êtres vivants était hautement probable...

Mais ce sont les rêveurs et les adolescents dont j'ai parlé qui, les premiers, ont « *vu* » la vérité : LES « EXTRATERRESTRES » EXISTENT. Leurs vaisseaux, les mystérieux et insaisissables « *ovnis* », sont aussi réels que ce pupitre sur lequel je m'appuie, que moi qui m'adresse à vous ; d'ailleurs, à partir de maintenant, on ne doit plus appeler ces engins «*ovnis*» : ce sont désormais des objets volants identifiés, des « ovis. » Nous ne sommes pas seuls dans l'univers, nous ne sommes pas la seule espèce intelligente et douée de conscience.

Moi, Président des Etats-Unis d'Amérique, en présence du Secrétaire Général des Nations Unies, du Directeur de la NASA et des Conseillers Spéciaux qui se trouvent à mes côtés, je le déclare maintenant officiellement : il y a moins de sept jours, après plusieurs semaines de contacts préalables (par divers moyens techniques, mathématiques et télépathiques sur lesquels je ne peux m'étendre ici), un groupe de représentants d'une espèce non humaine a rendu visite à la nôtre, en se posant sur le sol américain avec deux astronefs, à proximité de l'enceinte de la base militaire de Sandia, dans le Nouveau Mexique. De nombreux officiers, soldats et personnels civils se trouvaient-là, ainsi que des responsables politiques locaux. Ils ont assisté à cette arrivée qui a été filmée et sera, bien sûr, bientôt diffusée.

Qui sont les arrivants ? Ils viennent de l'amas des Pléiades M45 dans notre galaxie, près de la constellation du Taureau. Ils ont une apparence humanoïde mais assez éloignée de la nôtre : on peut donc penser qu'ils ne l'ont pas volontairement modifiée, histoire de dissimuler leur véritable aspect pour éviter de nous faire peur, ou nous tromper...

A cet égard, je souligne que si la science et la technologie de ces êtres sont en avance sur les nôtres, ils ne présentent aucun caractère agressif. Au contraire, ils déclarent être venus dans des intentions altruistes, pacifiques, pour nous aider à résoudre nos problèmes avec notre berceau, la Terre. Vous n'êtes pas sans ignorer, en effet, les problèmes multiples auxquels, après plusieurs millénaires de développement, nous sommes en train de faire face : réchauffement global, montée du niveau des océans, extinction d'espèces, épuisement des ressources, conflits pour l'eau, pollutions, accidents nucléaires...

Je n'en dirai pas plus pour l'instant. Il faut vous laisser le temps de digérer la formidable information d'aujourd'hui... Gardez simplement à l'esprit que, même très avancés sur les plans moral et spirituel, ces êtres ne sont pas des dieux. Ils sont comme nous. Il n'y a aucune raison d'avoir peur.

Nos Visiteurs vous donnent rendez-vous maintenant : en accord avec les USA et les chefs des grandes Nations, ils ont souhaité entreprendre une tournée des principales cités et capitales de la terre, afin de se présenter à vous et de lier connaissance. Ils se déplaceront avec leurs astronefs.

Je vous invite à répondre à leur invitation en vous rendant très nombreux dans les stades olympiques aux dates qui seront communiquées ces prochains jours. Vous verrez : ces Gens sont nos amis, pas nos ennemis. La vie qui est partout dans l'univers a engendré de nombreux enfants et, comme nous, ils sont des enfants de la Vie. Songez à tout ce que leur présence bienveillante peut nous apporter.
Mesdames, Messieurs, je vous remercie de votre attention. »

Olivier Gabriel

V/ARTICLES

PUBLICATIONS/ ELEMENTS BIBLIOGRAPHIQUES

Lundi 6 novembre 2006

UNE OU DEUX PETITES CHOSES QUE J'AI PUBLIEES

Ci-dessous un extrait de la quatrième page de couverture de "*LA DEVISE, UN TALISMAN POUR VOTRE VIE*", petit essai et manuel de développement personnel sorti en juin dernier aux éditions *LACOUR-OLLE (NÎMES)* :

" *Cet ouvrage est inhabituel. L'auteur est allé dénicher dans le vieux fonds de savoirs oubliés de nos ancêtres une curiosité du passé qui pourrait bien retrouver une certaine place dans notre vie d'aujourd'hui : la devise.*

La devise n'est pas une tradition culturelle isolée née et développée dans l'Occident chrétien : des procédés équivalents existent ailleurs, en Asie par exemple, et des philosophies ou techniques psychologiques modernes n'en sont pas loin !

Grâce aux multiples exemples fournis, à de petits exercices pratiques et en s'inspirant de slogans ou publicités contemporains, se doter de ce merveilleux outil de réussite et de construction de soi est désormais à la portée de chacun.

*Moins mais mieux (Lénine), Etre fidèle à ses amis (Hugo Pratt), Fraternité et unité (Tito), Marche ou rêve (titre d'une émission radiophonique), Unis comme à bord (associations de marins), Vivre fort (Armée de Terre), Je suis toujours mes propres pas, etc."

POESIE (1982):

Olivier LANCIER (1956)

"Né à Nancy, fonctionnaire à la sous-préfecture de Boulay, Gabriel Olivier a publié sous ce pseudonyme "Lili Berlin", 1982. Un Berlin schizophrénique, fête militaire, tanks et bannières au delà du mur, étourdissante kermesse nocturne en deçà. Interrogation angoissée, coulée dans une écriture syncopée de jazz, aux images violentes et provocantes, regard sur un monde déboussolé qui a fini par ressembler aux hallucinations des surréalistes de 1924."
(PANORAMA DE LA POESIE EN LORRAINE, éditions Serpenoise 1999, par Bernard Lorraine)

§

PUBLICATIONS DIVERSES

NOUVELLES:

Le Dernier Carré (terroir/écologie) - La Revue Lorraine Populaire n°123 (avril 1995)
Clés pour des enfants perdus - Ville de Talange, service culturel (mai 1999/ prix concours Gaston Welter)
Le distributeur automatique - anthologie "Fin de siècle", éditions Sol'Air (avril 2000)

Le Mal sombre - anthologie "Ténèbres 2000/les futurs maîtres français de la Terreur" éditions Naturellement, collection Fictions (mai 2000) - pseudo Olivier BRIGALE
Les Préhistos - fanzine SF Miniature (oct.2001)
Les Sirènes du building - revue Le Codex Atlanticus n°12, éditions La Clef d'Argent (dec.2001)
Conte rouge high tech - fanzine SF Miniature (oct.2002)

Nains de bitume - revue Martobre n°24, éditions de l'Agly (nov.2004)
-Devaient paraître dans Martobre, qui a disparu :
Les Ruines blanches (anthologie Cataclysmes et fin des temps)
L'Eglise des bêtes (anthologie Bestiaire)

Itinéraires sans papiers – Edi Livre.com (juil.2010) (pseudo Olivier Brigale)

ROMANS:
Granville et l'Odyssée - éditions S.d.E (2003)
L'œil sous la terre – Olivier Janvier – Edi Livre.com/Coup de cœur (oct.2011)

ESSAI :

La devise, un talisman pour votre vie - éditions Lacour-Olle (avril 2006)

HUMOUR :

Massacre à la poêle à frire - recettes cannibales faciles – Edi Livre.com (2005)

Oui, je veux morebooks!

i want morebooks!

Buy your books fast and straightforward online - at one of world's fastest growing online book stores! Environmentally sound due to Print-on-Demand technologies.

Buy your books online at
www.get-morebooks.com

Achetez vos livres en ligne, vite et bien, sur l'une des librairies en ligne les plus performantes au monde!
En protégeant nos ressources et notre environnement grâce à l'impression à la demande.

La librairie en ligne pour acheter plus vite
www.morebooks.fr

VDM Verlagsservicegesellschaft mbH
Heinrich-Böcking-Str. 6-8   Telefon: +49 681 3720 174   info@vdm-vsg.de
D - 66121 Saarbrücken   Telefax: +49 681 3720 1749   www.vdm-vsg.de

Printed by Books on Demand GmbH, Norderstedt / Germany